Markus Del Monego

# Wie schmeckt rot

## Zum Autor

Als bislang einziger deutscher Weltmeister der Sommeliers hat Markus Del Monego Weingeschichte geschrieben. Sein Gewinn des Titels 1998 in Wien kam einer Sensation gleich, wurde international viel beachtet und kommentiert, ist Markus Del Monego doch damit in die Domäne der Franzosen eingebrochen. Noch nie in der langen Tradition der Sommelier-Weltmeisterschaften stand ein Deutscher ganz oben.

Seine außergewöhnliche Weinkompetenz unterstrich er im Jahr 2003 noch durch den Erhalt des Titels „Master of Wine". Die weltweit anerkannte Prüfung gilt als eine der schwierigsten zum Thema Wein. Damit ist Markus Del Monego der erste in der Geschichte dieser Wettbewerbe überhaupt, dem es gelungen ist, beide Titel zu tragen.

Markus Del Monego

# Wie schmeckt rot

Süddeutsche Zeitung Edition

# Inhalt

**Wein kennen**

Schade, dass man Wein nicht streicheln kann.

KURT TUCHOLSKY

# Vorwort

## Die Farbe Rot

ROTWEIN IST EINE LEIDENSCHAFT

Rot ist eine eindrucksvolle Farbe, eine Metapher für Feuer, Liebe und Macht. Sie zeichnete die purpurrot gewandete Elite des antiken Roms ebenso aus wie die in Rot gehüllten Kardinäle der römischen Kurie. Für die Inka war Rot die Farbe der allmächtigen Herrscher und der Sonnenkönig war der einzige Mann Frankreichs, der rote Absätze an seinen Schuhen tragen durfte. Rot – eine faszinierende Farbe, deren Anziehungskraft weit über ihre Bedeutung in der Modewelt oder der Kunst hinaus wirkt. Auch beim Wein kommt dieser Farbe eine große Bedeutung zu. Heutzutage wirken rote Weine in der Regel prestigeträchtiger als weiße Tropfen. Die höchsten Preise erzielen meist rote Gewächse, von wenigen weißen und edelsüßen Raritäten abgesehen. Ob dies wohl an der Farbe liegt?

Kann man überhaupt Farbe schmecken? Für einen kurzen Moment der Fernsehgeschichte schien dieser Traum in Erfüllung zu gehen. Wer erinnert sich nicht an die beliebte Samstagabendshow „Wetten, dass..?“ Ein Kandidat behauptete, die Farbe von Buntstiften am jeweiligen Geschmack erkennen zu können. Eine beeindruckende Wette, die zunächst tatsächlich gewonnen wurde und erst später als satirische Schummelei enttarnt wurde. Hätte man statt Buntstiften Wein für die Wette gewählt, hätte die Farberkennung aber sogar klappen können. Mehr darüber erfahren Sie im ersten Kapitel.

Wie schmeckt rot? Das ist eine der Fragen, die dieses Buch gerne beleuchten möchte. Dabei meine ich nicht nur das Zusammenspiel der Aromen und Geschmackskomponenten bei roten Tropfen. Viele Themen rund um rote Trauben und rote Gewächse begegnen Rotweinfans immer wieder. Einige von ihnen habe ich in diesem Buch aufgegriffen. Welcher Wein ist der perfekte Begleiter für die Grillsaison? Wie erwecke ich die Aromen einer (fast) vergessenen Flasche im Keller? Sind Rotwein und Käse wirklich die perfekten Begleiter zum Abschluss eines Essens? Genau diese und zahlreiche andere Fragen beantwortet das Kapitel „Wein erleben“.

Für mich als professionellen Weinkenner sind nicht nur harte Zahlen und Fakten von Belang, wenn es um die Einschätzung eines Weins geht. Immer wieder sind es Geschichten und Anekdoten, die den Wein und seinen Weg von der Traube bis ins Glas für jeden Weinliebhaber nachvollziehbar machen. Diese Geschichten haben immer einen wahren Kern und so wird eine wichtige Information erfolgreich weitergetragen.

Die Idee, mithilfe von Erzähltem wichtige Inhalte weiterzutragen, unterstützt auch mein Ziel, interessierten Menschen Weinwelten zu eröffnen, die in herkömmlichen Weinführern nicht so leicht zu finden sind. Daher finden Sie im Kapitel „Wein erklären“ nicht nur die Aufklärung zum Mythos „Rote Trauben, roter Wein“, sondern auch Geschichten darüber, was beispielsweise der Gouda im Rotweinfass zu suchen hat oder so manche Anekdote um den Teufel und den Rotwein. Dabei stellt sich heraus: Perfektion ist nicht alles und ein Schönheitsfleck macht einen Rotwein vielleicht erst wirklich vollkommen.

Ist Deutschland ein Rotweinland? Welche Flaschen aus den typischen Rotweinländern Frankreich, Italien, Spanien und dem Rest der Welt sollte man getrunken haben? Wie lagert man die empfindlichen Tropfen? Die Antworten auf diese Fragen finden Sie im dritten Abschnitt dieses Buches „Wein kennen“.

Ich möchte Weinwissen kurzweilig und leicht verdaulich vermitteln, damit Ihr nächster Ausflug in eine Weinregion, der entspannte Abend im Freundeskreis oder gar das offizielle Geschäftsessen bei einem Glas Wein gelingen. „Wie schmeckt rot“ bietet zahlreiche Anregungen für jeden Rotwein-Anlass und wappnet für den gekonnten Umgang mit Rotwein.

Wein in all seinen Facetten ist für die meisten Genießerinnen und Genießer ein Stück Lebensqualität und bringt mit jedem Schluck aufs Neue einen Hauch Abenteuer in den Alltag. Jeder Jahrgang ist anders, präsentiert seine Überraschungen und hält neue Erkenntnisse bereit. Auch der Einsatz von roten Trauben oder rotem Wein lässt viele Optionen zu. Daher unternehme ich gemeinsam mit Ihnen auch einen Streifzug durch die Welt von Rosé, Glühwein und Portwein und zeige, wie man mit detektivischem Spürsinn und DNA-Analyse auch die großen Geheimnisse lüften kann, die sich um so manche Rebsorte ranken.

Dieses Buch möchte Sie dazu inspirieren, sich selbst in „das Abenteuer Rotwein“ zu wagen und hinter die Kulissen so manch guten Tropfens zu blicken. Dabei wünsche ich Ihnen viel Freude am Wein und vor allem viel Genuss.

Ihr Markus Del Monego

Die besten Vergrößerungsgläser für die Freuden dieser Welt sind jene, aus denen man trinkt.

JOACHIM RINGELNATZ

# Wein erleben

## Wie schmeckt rot

ÜBER DIE FASZINATION VON ROTWEIN

Vielleicht erinnert sich der ein oder andere noch an die beliebte Samstagabendshow „Wetten, dass..?“ Ich erinnere mich ganz besonders an eine Wette aus der Sendung. Ein Teilnehmer hatte gewettet, dass es möglich sei, die Farbe von Buntstiften an ihrem jeweiligen Geschmack zu erkennen. Heute wissen wir: Hinter der Buntstift-Wette steckte Schummelei. Damit war man sich einig: Farbe kann man nicht schmecken – oder doch?

Wollte man eine derartige Wette mit Wein veranstalten, so könnte sie durchaus klappen. Denn die Weinfarbe steht in einem direkten Zusammenhang mit seinen geschmacklichen Ausprägungen. Bei Rotweinen lassen sich die Wechselwirkungen von Farbe und Geschmack relativ leicht erkennen: Bei roten Trauben ist das Fruchtfleisch nicht gefärbt, der Saft ist also relativ hell. Die Farbstoffe des Weins sitzen in der Traubenschale. Damit ein Wein rot wird, müssen die Farbstoffe aus der Traubenschale herausgelöst werden, wobei sich in diesem Prozess nicht nur die Farbe aus der Schale löst, sondern auch die Aroma- und Gerbstoffe. Aromastoffe sind wichtig, damit sich der Duft möglichst vielschichtig präsentiert. Gerbstoffe wiederum verleihen dem Wein eine festere Struktur und wirken mit ihrer oxidationshemmenden Wirkung auch als Konservierungsstoff.

Das Auslösen der Aromen und Geschmackskomponenten findet klassisch während der Maischegärung statt. Das Fruchtfleisch wird zusammen mit den Traubenschalen gemaischt und beginnt zu gären. Der in den Trauben enthaltene Zucker wird durch die Arbeit der Hefen in Alkohol und Kohlensäure umgewandelt, dabei entsteht Wärme. Gleichzeitig erleichtern Alkohol, Kohlensäure und Wärme das Auslösen von Polyphenolen, zu denen Aromastoffe, Geschmacksstoffe und Gerbstoffe gehören.

*In Deutschland trinkt man gerne Wein. Der Pro-Kopf-Verbrauch liegt bei 20,5 Litern Wein und 3,7 Litern Schaumwein. Genossen werden vor allem deutsche Weine. Sie liegen mit 45 Prozent auf Platz 1 der Lieblingsweine, gefolgt von italienischen Weinen (16 Prozent).*

Der typische Rotweincharakter kommt über die Ausprägung der Aroma- und Geschmacksstoffe ebenso zustande wie über die Struktur des Weins, seine Säure, seine Gerbstoffe und das entsprechenden Mundgefühl. Da bei der Weißweinerzeugung in der Regel die Trauben gekeltert werden und nur der Most vergoren wird, ergibt sich dabei allein schon ein großer Unterschied zum Rotwein. Weißwein hat kaum phenolische Komponenten wie etwa Tannine. Er besitzt nur vereinzelt Gerbstoffe und weist eine andere aromatische Struktur auf. Rotweine und Weißweine sind also nicht nur von der Farbe her recht einfach voneinander zu unterscheiden. Auch die Primäraromen, die natürlichen Traubenaromen, sind bei Rotweinen klar in eine dunklere Fruchtrichtung ausgeprägt.

Sie erinnern an Beerenfrüchte wie Himbeeren, Erdbeeren, Preiselbeeren oder schwarze Johannisbeeren, Holunder oder Heidelbeeren. Steinobstnoten von Kirschen, Pflaumen oder Schlehen assoziieren wir ebenfalls mit Rotwein. Bei Weißweinen sind die Aromen eher im gelbfruchtigen Bereich angesiedelt, wie man sie etwa bei Aprikosen, Pfirsichen, Äpfeln und im Bereich der Zitrusnoten findet.

Und was passiert, wenn man rote Trauben weiß keltert? Erhält man dann einen Weißwein? Die Frage ist berechtigt. Der daraus entstehende Wein ist sehr hellfarben. Er besitzt in der Regel zwar auch Zitrusnoten und Aromen, die an Apfel oder Birne erinnern, jedoch scheinen Anklänge von roten Beerenfrüchten durch. Weinprofis erkennen diese Beerenfrüchte sofort als „ursprünglich rot“.

Sekundäraromen gehören zu den Aromen, die durch die alkoholische Gärung entstehen. Die Gäraromen können sich beispielsweise durchaus dropsig oder blumig offenbaren und auch ätherische Anklänge zeigen. Aromen werden besonders durch das Zusammenspiel von Alkohol, Säuren und Ester geprägt. Da diese Aromen durch die Gärung entstehen, sind hier geringere Unterschiede zwischen Rot- und Weißweinen erkennbar.

Tertiäraromen kommen über den Ausbau des Weins oder über die Reife eines feinen Gewächses zum Tragen. Hier haben wir es zum Beispiel mit Anklängen von Vanille, Röstaromen oder milden Gewürzen zu tun, die über den Ausbau in kleinen französischen Eichenfässern, den sogenannten Barriques, entstehen. Trockenfruchtaromen wie Dörrpflaumen, getrocknete Feigen, Datteln oder Rosinen entstehen nur in reifen Weinen und sind typisch für die Welt der Tertiäraromen. Diese Aromen können jedoch sowohl bei reifen Rotweinen als auch bei Weißweinen auftreten.

Je reifer ein Wein also wird, desto schwerer wird die aromatische Unterscheidbarkeit. Dennoch: Man kann Rot schmecken. Probieren Sie es selbst.

## Kann man mit dem Mund riechen

ODER: WIR SIND IMMER NOCH NEANDERTALER

Weinprobe mit Freunden: Kaum hat man sich zugeprostet, schon wird diskutiert. Und die Meinungen gehen weit auseinander. Egal was Ihre Freunde sagen, Sie glauben, nein, Sie sind sich sicher: Dieser Wein schmeckt am Gaumen eindeutig nach Aprikosen und reifen Pfirsichen. Irrtum ausgeschlossen. Oder nicht?

So einen Geschmack gibt es schließlich selten, meinte auch ein Teilnehmer einer Weinverkostung, zu der ich eingeladen hatte. Und er brachte mich damit ins Grübeln. Wie sollte ich es ihm sagen? Der Mund hat eine sehr eingeschränkte Funktion. Wir können im Mundraum vornehmlich haptische Eindrücke wahrnehmen, Reaktionen unseres Tastsinns. Umami, der Wohlgeschmack, der zu Beginn des 20. Jahrhunderts in Japan als Effekt entdeckt wurde, jedoch noch nicht genau lokalisiert werden konnte, ist im Mundraum zu spüren. Am ehesten lässt er sich mit „herzhaft“ oder im japanischen Wortsinn mit „wohlschmeckend“ umschreiben. Dann haben wir auch noch die Zunge mit verschiedenen Reizschwerpunkten, die an der Spitze süß, an den Rändern salzig und – etwas weiter hinten – sauer schmecken kann. Zudem reagiert sie auf Bitterstoffe am Zungenhintergrund am deutlichsten. Wo kann ich also Aromen wie Aprikose wahrnehmen? Im Mund jedenfalls nicht, sondern mit der Nase.

Acht Jahre auf die soeben erwähnte Weinprobe zurückblickend, lag die Lösung damals eigentlich auf der Hand. Doch im ersten Moment bewegte mich die Frage: Wie kann ich beweisen, dass man mit dem Mund nicht direkt riechen kann?

Mit einer kleinen Übung können Sie sich selbst davon ganz leicht überzeugen. Ich wünsche Ihnen dabei viel Spaß, denn dieses Experiment wird Ihre Gäste zum Lachen bringen: Nehmen Sie das Weinglas in die eine Hand. Jetzt halten Sie sich mit der anderen Hand die Nase zu. Bevor Sie den Wein probieren, schlucken Sie zunächst dreimal trocken. Erst dann beginnt das eigentliche Experiment. Sie werden feststellen, dass sich der Druck auf Ihre Ohren verstärkt. Es fühlt sich an, als säßen Sie in einem Flugzeug, das sich im Landeanflug befindet. Nun probieren Sie einen Schluck, wobei Sie die Nase immer noch zuhalten. Ein Wein, der gerade eben noch ganz deutlich nach Aprikosen und Pfirsichen geschmeckt hat, erscheint plötzlich etwas süßlich und leicht säuerlich.

Wo sind die Fruchtaromen hin? Sobald die Nase wieder frei ist, die Luft zirkuliert, sind auch die Aromen wieder da. Es ist ein Unterschied, der sofort wahrnehmbar ist und der einen Grund hat: Mit dem Mund, genauer mit der Zunge, können wir wirklich nur schmecken. Alles, was wir an Aromen am Gaumen zu lokalisieren glauben, sind Aromen, die zwar im Mundraum freigesetzt werden, aber durch den Nasengang aufsteigen. Der Nasengang bildet zusammen mit der Nasenscheidewand eine Rinne. Die sogenannte Riechfurche, deren Seitenwände das Riechepithel tragen, ist dafür verantwortlich, dass wir an den Riechfeldern die Aromen registrieren. In der Zwischenzeit macht uns unser Gehirn glauben, dass wir diese Aromen – also den besagten Pfirsich – tatsächlich schmecken.

Wer immer noch nicht überzeugt ist, dass dieser Verbindungsgang existiert, sollte einmal an den letzten Besuch der Wiesn oder den vergnüglichen Champagnerempfang denken, bei dem ein guter Witz erzählt wurde. Von diesem überrascht, war das rechtzeitige Schlucken nicht mehr möglich und plötzlich prickelte die Kohlensäure unangenehm in der Nase. Sie erinnern sich?

Machen Sie einfach immer mal wieder die Probe mit verschlossener und dann wieder geöffneter Nase. Das schult die eigene Wahrnehmung. Auch das Sensorische Dinner, das im nächsten Kapitel vorgestellt wird, hilft dabei, das große Schweigen am Tisch in ein munteres Weingeplauder zu verwandeln.

## Erlebniswelt Aromen

### DAS SENSORISCHE DINNER

In Sachen Wein und Genuss herrscht oft Ratlosigkeit am Tisch. Niemand möchte sich eine Blöße geben und sagen, dass der Wein, der gerade kredenzt wurde, nicht dem eigenen Geschmack entspricht. Aber was ist Geschmack? Warum präsentiert sich ein Wein mit einer Speise so ganz anders als bei der Weinprobe vor ein paar Tagen, als man nur einen Schluck trank und ihn hervorragend fand?

Ein kleines sensorisches Experiment hilft hier weiter. Ich nenne es Sensorisches Dinner. Wer zum Auftakt eines Abendessens diese Geschmacksschulung ausprobiert, findet künftig leicht die richtigen Worte, um feine Tropfen und delikate Speisen zu kommentieren. Für diesen Exkurs in die Welt der eigenen Sinne benötigen Sie zunächst Wasser mit Geschmack, serviert in kleinen Bechern. Die angegebene Menge reicht für etwa 15 Portionen: Ein Liter Wasser mit ein bis zwei Esslöffeln Zucker lässt auch bei einem winzigen Probeschluck jede Zunge den süßen Geschmack des Zuckers erkennen. Ein Esslöffel Salz in einem Liter Wasser aufgelöst, verwandelt das Wasser, sodass ein paar Tropfen bereits fast wie das Mittelmeer schmecken. Zitronensaftkonzentrat wird so lange in kaltes Wasser geträufelt, bis es richtig schön sauer schmeckt. Zu guter Letzt vergessen Sie einfach zehn Schwarzteebeutel für 20 Minuten in heißem Wasser. Dieser Schwarztee hat es in sich.

Nun geht es ans Probieren. Verteilen Sie jeweils eine kleine Menge der Proben in identische Gläser. Dabei ist wichtig, dass alle Gäste die Geschmacksproben gemeinsam verkosten und vorher nicht verraten wird, was es mit den Flüssigkeiten auf sich hat. Süße erkennen alle sofort, das ist ein Erfolgserlebnis. Doch wo sitzen die Rezeptoren für den Süßereiz? Wenn man sich beim Probieren auf die Zungenspitze konzentriert, wird schnell erkennbar, dass dort das Empfinden für

Süße deutlicher ist als auf den restlichen Bereichen der Zunge. Oben am Gaumen oder in der Zungenmitte kann man nichts schmecken, dort befinden sich keine Geschmacksrezeptoren.

Allerdings reagieren diese Stellen aufgrund des Tastsinns. Da das Gehirn die Eindrücke des Tastsinns mit denen des Geschmackssinns in Sekundenbruchteilen verbindet, kann durchaus der Eindruck entstehen, dass man auch am Gaumen oder in der Zungenmitte ein solches Geschmackempfinden nachvollziehen kann.

Dieser Eindruck verschwindet, sobald die Flüssigkeit geschluckt ist. An der Zungenspitze bleibt der Eindruck von Süße jedoch auch nach dem Herunterschlucken noch erhalten. Im zweiten Becher wartet dann das Urlaubsfeeling pur – reines Mittelmeer. Die Geschmacksrezeptoren für Salziges befinden sich hauptsächlich etwas weiter vorne im Zungenrandbereich. Die dritte Flüssigkeit mit dem sauren Geschmack wird eher im hinteren Zungenrandbereich spürbar. Sauer muss übrigens nicht schrecklich schmecken. Sauer wirkt häufig auch erfrischend auf uns und so mancher assoziiert sommerliche Geschmackserlebnisse mit frischen, extrasauren Zitronen oder dem milden, jahrelang gealterten Essig Aceto Balsamico, der in Italien durchaus auch über Erdbeeren geträufelt wird.

Tee, der lange gezogen hat, schmeckt bitter, am besten erlebbar ist das am Zungenende. Bitterer Geschmack ist von Natur aus ein Warnsignal für den Menschen. Egal, was man isst oder trinkt, über den Zungenrand rutscht alles in den Schlund. So warnt die Zunge den Körper noch rechtzeitig vor Gefahr. Wie das richtig funktioniert, stellt man fest, wenn man drei Schlucke des starken Tees nacheinander trinkt. Dann wird der Eindruck des Bitteren exponentiell verstärkt.

Doch Vorsicht: Heute gehört bitter zum guten Ton. Kaffee ist bitter, auch die Gerbstoffe im Wein können es sein. Campari sei ebenfalls erwähnt, vom italienischen Likör Cynar ganz zu schweigen. Es ist schick, bitter zu trinken, noch schicker, bitter zu essen. Es soll gesund sein.

Unser entwickelter Geschmack benötigt die Steinzeitsignale nicht mehr, reagiert aber dennoch auf sie. Daher bedarf es schon einigem Geschmackstrainings oder Genusskultur sowie einer gewissen Portion Leidensfähigkeit, Bitterkeit in Nahrungsmitteln und Getränken als positive Geschmacksvariante zu erleben.

Woran liegt das? Mehr als wir denken, sind wir unseren Vorfahren in der Steinzeit verbunden. Der einfachste Beweis dafür ist unser Geschmack. Er ist im Grunde sehr schlicht gestaltet, denn die Geschmacksrichtungen, die wir wahrnehmen können, sind lediglich fünf: süß, salzig, sauer, bitter und umami. Auch können wir Geschmack nur über die Zunge wahrnehmen, und dort nur im Randbereich.

Wenn nun alle Gäste ihren Geschmackssinn trainiert haben, beginnt Teil zwei der Übung. Schenken Sie in jeweils identische Gläser einen trockenen, säurefrischen Weißwein, einen gerbstoffbetonten Roten und einen Weißwein mit feiner Säure und deutlicher Restsüße, wie einen Riesling Kabinett oder eine Spätlese, ein.

Halten Sie für jeden Gast einen Teller bereit, auf dem sich pro Person drei mundgerechte Bissen ungetoastetes Toastbrot, einjähriger Gruyère oder etwas Parmesan, frischer Apfel mit etwas Zitronensaft beträufelt, saftige Orange, Gewürzgurken und Zwiebeln befinden. Nun werden der Reihe nach die drei Weine zuerst mit dem Brot verkostet. Durch das Kauen des Brotes werden Enzyme im Speichel die Stärke in Süße umwandeln, beim trockenen Weißwein wird daher die Säure gemildert, beim Rotwein wird der herbe Gerbstoff abgerundet und eine Überraschung wartet beim Süßwein: Die Süße wird etwas abgeschwächt und die Säure leicht in den Vordergrund gerückt. Käse und Wein, die klassische Kombination, wird für die Geschmacksnerven nicht ganz so einfach.

Die Ergebnisse sind durchaus überraschend: Der salzige Geschmack des Käses wird beim Weißwein die Säure etwas betonen, der Rotwein schmeckt plötzlich ungewohnt bitter, doch der Süßwein balanciert die Salzigkeit aus, während diese wiederum die Süße des Weins mildert.

Weiter geht es mit dem Apfel: Hier lässt die Säure den Weißwein richtig sauer werden, der Rotwein gerät bitter und der Süßwein schmeckt plötzlich nahezu trocken. Das nächste Experiment: Bei der Orange kommt es auf die Reife an. Ist sie unreif, wird das Ergebnis wie beim Apfel ausfallen, ist sie perfekt gereift, wird die Säure des Weißweins über die Süße eingebunden, doch die bittere Herbe des Rotweins wird betont. Kein Wunder, dass man für die Zubereitung von Sangria ganz viel Zucker benötigt. Süßwein und Orange passen übrigens prima zusammen.

Nachdem alle Früchte probiert wurden, versuchen Sie es mit den folgenden Geschmacksvarianten: Spannend wird es bei der Frage, ob Gewürzgurken und trockener Weißwein harmonieren, denn die Gurken sind süß-sauer eingelegt. Bei dieser Kombination verschwindet plötzlich die Säure des Weißweins. Der Rotwein schmeckt hingegen in der Kombination mit Gewürzgurke bitter. Der Süßwein passt wieder.

Zuletzt probieren Sie die Zwiebel: Zwiebeln sind scharf und Schärfe ist kein Geschmack, sondern ein Reiz. Daher bleiben die Weine in Bezug auf Säure, Gerbstoff oder Süße relativ ähnlich.

Und was ist das Ergebnis des Sensorischen Dinners? Diese Geschmackserlebnisse lehren: Süße balanciert Süße, Salz, Säure und Bitternoten. Bitternoten verstärken sich in Kombination mit den Weinen massiv, alle anderen Komponenten werden im Zusammenspiel stärker. Nur die Säure bildet eine Ausnahme. Zwei gleich starke Säuren werden sich verstärken, zwei unterschiedlich starke Säuren treffen sich geschmacklich in der Mitte. Das Sensorische Dinner wird Ihnen und Ihren Gästen eine Menge Gesprächsstoff liefern. Die gemeinsame Erfahrung und die teilweise auch unterschiedlichen Eindrücke werden das Tischgespräch bereichern.

## Weinnotizen

**Ist Rotwein der bessere Wein**

*„De gustibus non est disputandum …“ Dieser lateinische Spruch „Über Geschmack ist nicht zu streiten“, der dem französischen Gastrosophen Jean Anthelme Brillat-Savarin zugeschrieben wird, sagt alles. Deshalb ist die Diskussion um den vermeintlich „besseren“ Rotwein auch müßig. Doch für viele Weinfans hat Rotwein einen anderen Stellenwert als Weißwein. Er wird gerne als hochwertiger erachtet und häufig macht der Satz vom „besseren Wein“ die Runde. Die höhere Wertschätzung, die roten Weinen heute entgegengebracht wird, kann man an Statistiken ebenso ablesen wie an den Preisschildern am Weinregal. Laut Statistik des Deutschen Wein Instituts in Mainz erreicht ein Hektoliter importierten Weißweins nur knapp zwei Drittel des Werts eines importierten Rotweins. Auf den Preisschildern der Weinregale entschwinden dementsprechend die roten Gewächse gerne in hohe Preissphären, während die meisten Weißweine mit Abstand darunter liegen.*

*Dies war nicht immer so. Im 19. Jahrhundert wurde für Weißwein häufig mehr bezahlt als für die roten Gewächse. Wein unterliegt, wie alle anderen Konsumartikel, eben auch wechselnden Moden. Rational ist dies nicht zu begründen. Weshalb nun soll der Rote der bessere Wein sein? Vielleicht liegt es an den Höchstpreisen, die Rotweine mittlerweile bei Auktionen erzielen? Trockene Weißweine können da jedenfalls nicht mithalten. Daher wirkt Rotwein schon einmal wertiger. Ein weiterer Grund mag an unserem heutigen Trinkverhalten liegen: Die meisten Flaschen finden bereits 24 Stunden nach ihrem Kauf den Weg ins Glas, tendenziell werden Weißweine im Vergleich zu Rotwein heute darüber hinaus extrem jung getrunken. Reifearomen bei Rotweinen werden immer noch leichter akzeptiert. Die ein- bis zweijährigen Weißweine haben einfach diese frische, saftige Frucht, die von vielen modernen Weinfans geschätzt wird. Die Honig- und Blütendüfte der mehrere Jahre gereiften trockenen Weißweine wirken auf viele Konsumenten nicht mehr ansprechend. Bei Rotweinen hingegen wird die Reife als Bestandteil des Weintypus geschätzt, was auch im Verkauf der großen Mengen Reserva-Weine zum Ausdruck kommt. Obwohl die meisten einfachen Rotweine heute schnell zu trinken sind, spielt das „Lagern" und die vermutete Qualitätsverbesserung durch das Alter immer noch eine gewisse Rolle. Dies führt im Hinblick auf Rotweine zum Eindruck, einen stabileren Wein vor sich zu haben, der mit seinem Reifepotential an Würde gewinnt. Und so entsteht schnell das Bild des vermeintlich „besseren Weins".*

*Eines ist aber klar: Der beste Wein, ist derjenige, der mir am besten schmeckt. So entscheidet jede Weingenießerin und jeder Weingenießer täglich aufs Neue, welcher Wein denn nun in ihren oder seinen Augen der Bessere ist.* ⋘

## Der perfekte Wein für die Grillsaison

ROTWEINGENUSS ZU SOMMERGERICHTEN

Seit Tagen liegt er schon in der Luft, der köstliche Duft, der an Holzkohle und Rauch, saftige Steaks und würzige Würstchen erinnert. „Es ist angegrillt." Mit diesem traditionellen Satz eröffnen Millionen von Menschen jedes Jahr die Grillsaison. Ob beim spanischen Asado mit Blick auf die Anden, beim Barbecue am Rande kalifornischer Weinberge, beim Braaj am Kap der Guten Hoffnung oder beim Grillabend irgendwo in Deutschland – genießen unter freiem Himmel macht gute Laune. Doch mit dem Grillgut alleine, das auf den glühenden Kohlen langsam seine röstbraune Farbe annimmt, ist es längst nicht getan. Denn auch das Grillgut will angemessen begleitet werden. Aromatische Dips und Saucen gehören zu einem Grillabend ebenso dazu, wie knackige Salate, frisches Gemüse und knuspriges Brot.

Was trinkt man zu all diesen kulinarischen Genüssen? Rotwein am Grill? Das scheint irgendwie nicht zu passen. Puristen werden als Barbecue-Getränk stets ein kühles, frisches Bier genießen. Doch wer sich vom Vorurteil löst, dass Grillvergnügen nur mit Gerstensaft ein Hochgenuss ist, der kann das liebste kulinarische Sommervergnügen der Deutschen, das oftmals gar in einem sportlichen Wettbewerb endet, anders erleben.

Einen ultimativen Beweis für großartigen Grillgenuss im Zusammenspiel mit Wein liefert eines der berühmtesten Weinbaugebiete der Welt: das Bordelais. Hier spielen die Reben nicht nur in flüssiger Form eine Rolle. Einer der Klassiker der französischen Küche – das Entrecôte – ist nicht nur köstlich, sondern wird im Südwesten des Landes auf Rebholz gegrillt. „Von welcher Rebsorte stammt denn das Rebholz?", lautet folgerichtig die Frage. Die Antwort fällt relativ einfach aus: Cabernet Sauvignon. Die Verwendung dieses Holzes, um das Grillgut auf den Punkt zu garen, ruft häufig Erstaunen hervor, ist aber einfach zu erklären. Zum einen: Ein Weingut, das überwiegend Cabernet Sauvignon anpflanzt, wird mit an Sicherheit grenzender Wahrscheinlichkeit dieses Rebholz auch zum Heizen des Grills verwenden. Und es gibt noch einen weiteren guten Grund. Rebholz der Sorte Merlot etwa verbrennt zu schnell, erzeugt viel Asche und wenig Glut. Cabernet Sauvignon hingegen verbrennt langsam, produziert wenig Asche und liefert die ausgezeichnete Glut für saftiges Fleisch. Dass ein roter Tropfen aus Bordeaux perfekt damit harmoniert, das versteht sich fast von selbst.

Und wie sieht es in Deutschland aus, wo Holzkohle oder Gas die Trumpfkarten im Ärmel des Grillmeisters sind? Auch hier kombiniert man einen kraftvollen Rotwein zum saftigen Steak oder zur perfekt gewürzten Grillwurst. Damit liegt man sicherlich richtig, vor allem, wenn man auf einige wenige Details achtet. Grillfleisch verlangt nach einem kräftigen Weintyp. Wenn dieser noch im Barrique ausgebaut wurde, sind die Röstaromen bereits im Glas, die sich dann später grandios mit den Röstaromen des Grillguts verbinden. Wenn dann auch noch Raucharomen im Spiel sind, ist ein südafrikanischer Pinotage mit seinen petrolig-rauchigen Noten eine sichere Bank. Doch Vorsicht, auch Saucen und Beilagen wollen beachtet werden. Sind diese säuerlich, kann bei einem gerbstoffbetonten Rotwein schon einmal ein leicht bitterer Geschmack entstehen. Mit einem reifen, runden Weintyp ist man auf der sicheren Seite. Ein Syrah aus Australien, ein kalifornischer Zinfandel oder ein kräftiger Dornfelder aus Deutschland sind ebenfalls gute Begleiter zur Grillparty. Man kann mit ihnen nicht viel verkehrt machen.

*Grillen als Alternative zum klassischen Kochen wird in Deutschland immer beliebter. So grillen nach einer Studie von The Nielsen Company 87 Prozent aller Deutschen mindestens einmal pro Jahr.*

„Auf die Sauce kommt es an." Dieser Standardspruch aus dem Wortschatz der Wein- und Speisekombinierer wird nirgends auffälliger als beim Grillen. Milde Saucen lassen die ganze Palette an Rotweintypen zur Begleitung zu, wobei der würzige Typus nicht ganz so leicht zu kombinieren ist. Pfeffer in der Sauce harmoniert besonders gut mit einem kraftvollen, reifen Blaufränkisch aus dem Burgenland, der selbst über feine pfeffrige Noten im Zusammenspiel mit einer üppigen Frucht verfügt. Chili ist noch herausfordernder. Ideal sind hier rote Tropfen mit wenig Gerbstoff oder einer milden Säure. Wer in besonders aromatische Gefilde aufbricht, beispielsweise mit Curry oder anderen orientalischen Gewürzen experimentiert, der ist in Süditalien mit Negroamaro oder Primitivo, in Spanien mit einem würzigen Toro oder in Kalifornien mit einem üppigen Zinfandel als Begleiter gut aufgehoben.

Auch ein wuchtiger Amarone aus dem Veneto kann Spaß machen oder gar ein Pinotage vom Kap der guten Hoffnung. Dies gilt auch für die typisch rauchigen, leicht süßen und sehr aromatischen Barbecuesaucen aus der amerikanischen Smokerwelt. Die in der Regel alkoholreicheren Tropfen bringen einen leicht „süßen" Geschmackseindruck mit, der sowohl die Würze als auch die Süße sehr gut einzubinden versteht.

*Fisch auf dem Grill ist eine Delikatesse. Am besten schmeckt er, wenn er sanft gegart und nur einmal behutsam gewendet wird. Für den Grill eignen sich Forellen, Doraden und Wolfsbarsche. Sie haben die perfekte Portionsgröße.*

Der Mensch lebt nicht von Fleisch allein. Schließlich ist das Stück Fleisch nicht die einzige Möglichkeit, Essen unter freiem Himmel zu genießen. Immer häufiger finden auch Meeresfrüchte oder Fische ihren Weg auf den Grill. Auch feines Geflügel oder knackig-frisches Gemüse machen gegrillt Spaß. Die gute Nachricht für Liebhaber von roten Gewächsen: Auch damit kommen wunderbare Kombinationen zustande. Meeresfrüchte harmonieren beispielsweise ausgezeichnet mit Rotweinen, die vom Gerbstoff nicht allzu dominant und idealerweise auf Kalkboden gewachsen sind. Terroir gibt es auch bei Hummer, Jakobsmuschel und Co., denn die Kalkschalen, in denen die Tiere heranwachsen, waren vor Urzeiten die Grundlage für Kalkböden, wie man sie im Burgund findet. Pinot Noir aus dieser Weinlandschaft ist ein hundertprozentiger Treffer.

Soll ein gegrillter Fisch von Rotwein begleitet werden, kommen eine Reihe leichterer Gewächse in Frage, die über wenig Gerbstoff verfügen. Ein Trollinger aus Württemberg, ein Vernatsch aus Südtirol oder ein Beaujolais aus dem Süden Burgunds sind – gerne leicht gekühlt – sehr gute Begleiter zu Fisch. Übrigens harmonieren diese Weine auch ausgezeichnet zu hellem Geflügel.

Ein letzter Tipp: Rotweinflaschen können gerne in kühlem Wasser stehen gelassen werden, denn wenn es draußen heiß ist, bewirkt die etwas kühlere Temperatur einen erfrischenden Effekt, gerade bei kraftvollen Gewächsen.

## Im Rhythmus der Jahreszeiten

### CHARAKTERVOLLE WEINE FÜR DEN HERBST

Wir haben es fast verlernt, im Rhythmus der Jahreszeiten zu leben. Besonders im kulinarischen Bereich scheinen Jahreszeiten kaum mehr eine Rolle zu spielen. Steinpilze gibt es ebenso ganzjährig wie grünen Spargel oder Erdbeeren. Einen jahreszeitlichen Zusammenhang kann man meist nur noch über das Preisschild oder die Deklaration der Herkunft erkennen. Je teurer das Produkt, je exotischer die Herkunft, desto weiter ist die Jahreszeit entfernt, zu der man hierzulande Obst oder Gemüse anbauen kann.

Und doch können wir die Jahreszeiten noch erleben, wenn wir etwas bewusster mit den Grundprodukten aus Küche und Keller umgehen. Die wohl spannendste Zeit des Jahres sind dabei der Frühling und der Herbst. Im Frühling lösen feingliedrige Weißweine die kräftigeren, wärmenden Rotweine langsam ab, die gerne in der kalten Jahreszeit genossen werden. Der Herbst wiederum rückt langsam die reiferen, kräftigeren, charaktervollen Rotweine ins Blickfeld.

Dies liegt jedoch nur zum Teil in den kühler werdenden Temperaturen begründet, die eher nach dem wärmenden Gefühl eines Glases samtigen Rotweins verlangen. Denn der Herbst zeigt Aromen, wie wir sie auch in vielen Weinen finden: Steinpilze, Unterholz, Herbstlaub, Trüffel, Wild, getrocknete Früchte und viele Aromen mehr.

So ist es wenig überraschend, dass so manche Gewächse absolut prädestiniert sind, auch die herbstliche Küche zu begleiten – allen voran die Weine der Rebsorte Spätburgunder. Während junge Weine dieser Rebsorte mit Anklängen von Sauerkirschen, Himbeeren, dunkler Schokolade und milden Gewürzaromen aufwarten, verändern sich die Aromen mit etwas Flaschenreife schnell in Richtung Unterholz, feiner Pilznoten und würziger Trüffelaromen sowie einem Hauch von Moschus und fein gegerbtem Leder. Man könnte fast meinen, diese Rebsorte trüge diese Aromen bereits in ihrer DNA.

Zu einem feinen Wildgericht, beispielsweise den herbstlichen Klassikern wie Rehrücken, Fasanenbrust oder Hasenfilet, harmoniert dann auch perfekt ein gereifter Pinot Noir aus Burgund oder dem Wallis, ein Pinot Nero oder Blauburgunder aus Südtirol oder ein deutscher Spätburgunder. Eine Übereinstimmung der Aromen schafft hier eine wunderbar harmonische Kombination. Wer keinen weit gereiften Spätburgunder zur Hand hat, kann aber trotzdem eine spannende Entdeckung machen, denn die Frucht des jugendlichen Weins bildet einen spannenden Gegenpart zum aromatischen, leicht süßlichen Fleisch des Wildes. In diesem Fall kann man beim Wildragout gerne die Preiselbeeren weglassen, denn der begleitende Tropfen steuert für die gelungene Kombination die fruchtigen Komponenten bei.

Ebenfalls ein Gewinner im Herbst ist die Rebsorte Nebbiolo, etwa aus dem Piemont. Beispielhaft ist hier der Barolo zu nennen. 38 Monate muss der Wein reifen, bevor er auf den Markt gebracht werden darf, davon mindestens 18 Monate im Holzfass gelagert. Bei einer

Barolo Riserva erhöht sich die gesamte Mindestlagerzeit sogar auf 62 Monate. Daher präsentiert sich Barolo häufig mit wuchtiger balsamischer Fülle im Duft, Anklängen von Unterholz, feinen floralen Noten und Trüffeln, Aromen, die perfekt mit der herbstlichen Küche einhergehen.

Bei jüngeren Weinen sind Säure und Tannine noch sehr präsent, hier darf gerne mit einem Schmorgericht gearbeitet werden. Bei reiferen Weinen verstärken sich die Reifenoten, Säure und Tannine werden milder und runder, sodass hier auch fein gebratenes Wildbret und natürlich Trüffel wunderbar harmonieren.

Reife Weine der Rebsorte Sangiovese zeigen ebenfalls feinwürzige Reifenoten, die herrlich in den Herbst passen, ebenso Anklänge von getrockneten Feigen, feine Ledernoten und auch zarte Anklänge von Tabak. Zum Wildschwein, das in der Toskana häufig anzutreffen ist, ist ein Sangiovese nahezu eine Pflichtübung.

*In Rheinhessen und der Pfalz liegen die größten deutschen Rotweinanbaugebiete. Spätburgunder liegt unangefochten an der Spitze, doch auch Klassiker wie Portugieser, Schwarzriesling oder Lemberger werden in Deutschland angebaut.*

Spanien hat mit der Rebsorte Tempranillo ebenfalls einen wunderbaren Herbstwein. Besonders in der Rioja und dort gerne bei Reservas oder Gran Reservas finden wir die typisch herbstlichen Aromen, die so perfekt zur Küche dieser Jahreszeit passen. In Griechenland wiederum sind die reifen Weine der Rebsorte Xinomavro ein Herbstgenuss sondergleichen. Naoussa heißt die wohl berühmteste Herkunftsbezeichnung. Ihr Anbaugebiet liegt unweit von Thessaloniki in Makedonien.

Man könnte diese Beispiele noch mit zahlreichen weiteren Weinen ergänzen. Auffallend ist jedoch unabhängig von ihrem Ursprung, sei es das alte Europa oder die Neue Welt: Herbstweine stammen in der Regel aus einem relativ kühlen oder gemäßigten Klima, nie aus heißen Gefilden. Fast ist es, als ob die herbstliche Kühle auch im Wein ihren Niederschlag fände.

## Rotwein und Käse

### EINE KOMPLIZIERTE BEZIEHUNG

Baskenmütze, Baguette und Brie, so stellen wir uns den glücklichen Franzosen vor. Das Glas Rotwein darf in diesem Bild natürlich nicht fehlen. Doch wie alle vorgeprägten Bilder, ist auch dieses nicht ganz korrekt. Nicht alle Franzosen tragen eine Baskenmütze, was schon allein der Blick in die Straßen von Paris beweist. Allerdings darf das Baguette im Alltag nicht fehlen. Ein Tag ohne weißes Brot ist ein verlorener Tag, denken viele Franzosen. Wenn die Französische Revolution einen nachhaltigen Effekt hatte, so war es das feine, weiße Brot des Adels – erschwinglich für jedermann.

Bleiben noch Käse und Rotwein. Diese Kombination scheint ein Stückchen vom Paradies zu sein, sozusagen ein Fenster in den Himmel und die Garantie göttlichen Genusses. Doch nicht jedes rote Gewächs ist auch ein perfekter Käsebegleiter. Rotwein und Käse, das ist eine Partnerschaft, von der die meisten Genießer träumen, die allerdings häufig gar nicht so richtig gelingen will. Beruht diese Vorstellung eventuell auf einem Missverständnis?

Ein Blick zurück in die Vergangenheit liefert uns erste Anhaltspunkte. In Frankreich wird Käse klassischerweise zwischen dem Hauptgang und dem Dessert gereicht. Dazu wird meist ein sehr gereifter Rotwein serviert. Das hat auch seinen Grund: Reifer Rotwein besitzt wenig Gerbstoffe und das ist gut. Denn diese können mit dem salzig-würzigen Charakter mancher Käsesorten einen metallischen, bitteren Geschmack entwickeln. Daher der gereifte Wein, der den Käsegenuss perfekt begleitet.

Moderne Winzer haben einiges dazugelernt. Rotweine mögen zwar einen hohen Tanningehalt haben, die Gerbstoffe sind jedoch häufig gut gereift. Damit entfällt die herbe, bittere Komponente und die Frucht des jungen Weins steht im Vordergrund. Daher servieren manche Châteaux in Bordeaux beispielsweise einen jungen Jahrgang mit viel Frucht und milden Tanninen zum Käse.

In England existiert bis heute eine ganz andere Tradition: Käse wird nach dem Dessert serviert. Das macht bei den vielen würzigen, kräftigen und intensiven englischen Käsesorten auch Sinn. Kein englischer Gentleman wäre auf die Idee gekommen, nach dem Dessert wieder auf einen trockenen Roten umzuschwenken. Für was hatte man denn die ertragreichen Kontakte zu Portugal? Port wurde im 19. Jahrhundert besonders gerne zum Käse ausgeschenkt, bindet doch die Süße dieses alkoholverstärkten roten Weins perfekt die teils scharfen, teils salzigen Komponenten vieler englischer Käsesorten harmonisch ein.

*Kopfschmerzen nach Weingenuss? Dann sollten Sie vielleicht besser den Käse weglassen! Rotwein enthält Spuren von Histamin. Dieses wiederum verursacht bei manchen Menschen Kopfschmerzen. Was viele nicht wissen: Der Histamingehalt in gereiftem Hartkäse ist weitaus höher als der im Wein.*

Wie sieht heute eine moderne, leicht zu praktizierende Käse- und Weinkombination aus? Für die harmonische Partnerschaft gilt zunächst eine alte Regel: Wein aus der Region passt auch zum Käse aus der Region. Manche mögen diese Idee für überholt halten, aber sie lässt sich immer noch erfolgreich umsetzen.

Ein Parmesan mit seiner salzigen Würze zu einem guten (ja, auch diese gibt es) Lambrusco aus der Emilia-Romagna ist Genuss pur. Süße und Salz verschwinden und zurück bleiben Frucht und Würze. Ein gereifter Chaource mit seinem prickelnden Geschmack fordert geradezu einen Champagner, gerne einen Blanc de Noirs, den weißen Wein aus roten Trauben. Manchego, der Schafskäse aus Kastillien/La Mancha, harmoniert sehr gut mit den Rebsorten Tempranillo und Garnacha.

Je nach Reifegrad des Käses kann auch der Wein eine fortgeschrittenere Reife zeigen. So begleitet ein L'Ami du Chambertin einen gereiften roten Burgunder, wobei es nicht gleich der rare Grand Cru Chambertin sein muss. Ein guter Wein aus einer Dorflage, beispielsweise ein Gevrey-Chambertin, macht auch Freude.

Blauschimmelkäse ist häufig sehr kompliziert zu kombinieren. Stilton-Käse und Port sind ein Klassiker. Zum gereiften Roquefort aus Schafsmilch hat sich wiederum ein fein entwickelter Châteauneuf-du-Pape einen sicheren Platz an dessen Seite erobert. Der alkoholkräftige Wein ist zwar trocken, hat aber reife, runde Tannine und durch den hohen Alkoholgehalt auch einen „süßen" Geschmack. Dass ein Alpenhartkäse aus dem Wallis in einem roten Cornalin aus derselben Region einen ausgezeichneten Gegenpart findet, versteht sich da schon fast von selbst.

Wer Käse und Wein kombinieren will, muss weder geographisches Wissen noch einen Doktortitel in der Lokalhistorie aufweisen. Schon einige wenige einfache Regeln ermöglichen genüssliche Momente: Tanninbetonte Rotweine sollten eher zu milden, wenig salzigen oder würzigen Käsen gegessen werden. Hier bietet sich Weißschimmelkäse wie Camembert an. Fruchtige Rotweine mit verhaltenem Gerbstoffgehalt kommen auch mit salzigen, würzigen Käsesorten sehr gut zurecht und je reifer ein Käse, desto reifer darf auch der Wein sein.

Mein Tipp: Auch in diesem Fall geht Probieren über Studieren. Lassen Sie sich in der Käseabteilung eine Auswahl zusammenstellen, die verschiedene Käsetypen berücksichtigt: Kuh, Schaf und Ziege, Käse mit weißem Schimmel, mit gewaschener Kruste, halbharte Käse und Hartkäse, Frischkäse und Blauschimmelkäse. Dazu servieren Sie am Tisch drei verschiedene Rotweine: einen milden reifen Rotwein mit viel Aroma aber nicht zu viel Gerbstoff, beispielsweise einen Spätburgunder oder Pinot Noir, einen kräftigen Rotwein mit deutlichen Tanninen, aber auch intensiver Frucht, beispielsweise einen Merlot, und einen gereiften, gerne etwas älteren Rotwein, der aus der Toskana oder dem Bordeaux stammen kann. Sie werden vielfältige Kombinationen entdecken und Ihre ganz eigenen Geschmackspräferenzen kennenlernen. Vergnüglicher und genüsslicher kann ein Abend in geselliger Runde kaum vergehen.

## Rotwein optimal in Szene setzen

DAS RICHTIGE GLAS FÜR IHREN ROTWEIN

„Ein Trinkgefäß, sobald es leer, macht keine rechte Freude mehr." Sicherlich liegt Wilhelm Busch mit dieser Aussage goldrichtig. Doch ein volles Trinkgefäß, das die falsche Form hat, ist genauso wenig förderlich für den Genuss eines feinen Weins. Das gern zitierte Zahnputzglas mag als Notlösung für einen Schluck Wein herhalten, aber für genüssliches Trinken ist es sicherlich fehl am Platz. Erst das richtige Glas mit der für den jeweiligen Wein geeigneten Form präsentiert vergorenen Traubensaft als höchsten Weingenuss.

Ob groß oder klein, konvex oder konkav, bauchig oder schlank, rund oder oval, in Form einer geschlossenen oder geöffneten Tulpenblüte, den Entwürfen findiger Glasdesigner sind keinerlei Grenzen gesetzt. Wer heute einfach „ein Weinglas" kaufen will, sieht sich selbst in einem durchschnittlichen Kaufhaus mit einer beängstigend großen Vielfalt von Glasformen und Glasqualitäten konfrontiert.

Die korrekte Glaswahl ist wesentlich unkomplizierter als man vielleicht denkt. Wer ein gutes Rotweinglas sucht, sollte überlegen, welche Weine daraus getrunken werden sollen. Leichtere Rotweine, die jung getrunken werden und bei denen die Frucht eine große Rolle spielt, können von einer tulpenförmigen Glasform profitieren.

Ein Trollinger aus Deutschland, ein roter Portugieser oder ein Schwarzriesling profitieren von einem leicht „ausgelippten" Rand ebenso wie ein fruchtiger Bardolino aus der Gegend des Gardsees oder ein Gamay aus dem Beaujolais nördlich der französischen Gastronomiehauptstadt Lyon. Schließlich bündelt die sich nach oben verjüngende Form die Aromen und der leicht ausgestellte Glasrand bringt den Wein direkt an die Zungenspitze, wo Süße am stärksten empfunden wird. So treten jugendliche Tannine und frische Säurekomponenten etwas in den Hintergrund.

Kräftigere Rotweine, die über intensive Gerbstoffe und einen opulenten Charakter verfügen, verlangen nach einem größeren Glas. Dabei spielt auch die Form des Glaskörpers eine große Rolle. Das beste Beispiel sind Weine aus Bordeaux oder der Toskana, die in einem oval geformten Glas gut zur Geltung kommen. Diese klassische, nach oben leicht verjüngte Glasform ist für Weine der Rebsorten Merlot oder Cabernet Sauvignon, Tempranillo, Sangiovese oder Malbec ideal. Das nach oben verjüngte Glas bildet eine Art Duftkamin. Die flüchtigen Aromen werden dabei in ihrer Entfaltung beschleunigt, während der Alkohol langsamer aufsteigt. So wirken auch kraftvolle, alkoholreiche Tropfen aus diesem Glas sehr ausgewogen.

Die feinen, filigranen Aromen des Spätburgunders benötigen wiederum eine große Oberfläche, um sich zu entfalten. Ganz ähnlich verhält es sich mit Weinen der Rebsorte Nebbiolo, beispielsweise Barolo oder Barbaresco. Die Kugelform des Burgunderglases bietet diese Oberfläche, lässt die Aromen frei und führt sie im oberen Glasbereich wieder zusammen. Die Kugelform fördert allerdings die Wahrnehmung des Alkohols, daher ist sie für sehr alkoholreiche Weine weniger gut geeignet.

Achten Sie darauf, keine Riesengläser zu nutzen, denn ein großes Volumen muss auch vom Wein ausgefüllt werden. Gläser die eher an kleine Aquarien denn an Trinkgefäße erinnern, können leicht eine halbe Flasche Wein fassen, der vielleicht trotzdem nicht zur Geltung kommt, da er nicht genug aromatischen Ausdruck hat, um dieses Volumen überhaupt zu füllen. Schließlich will man selbst und nicht das Glas den Spaß am Wein haben.

Nicht nur der Glaskörper ist ein wichtiges Element bei der Auswahl. Ein gutes Weinglas sollte auch andere Bedingungen erfüllen. Es sollte beispielsweise nicht dekoriert sein, denn was auf den ersten Blick recht hübsch oder gar perfekt designt aussehen mag, verbirgt die Optik des Weins. Gläser sollten auch möglichst dünnwandig sein und einen dünnen Stiel haben. Dickwandiges Glas oder ein dicker Stiel lassen den Wein rustikaler erscheinen.

*Bei Weinproben wird häufig das Glas zunächst mit einem Schluck Rotwein aviniert, d.h. ausgespült. Hintergrund ist nicht etwa der verschwenderische Umgang mit Wein. Der Wein neutralisiert stattdessen etwaige Gerüche oder Spülrückstände.*

Wolfram Siebeck, der berühmte deutsche Gastronomiekritiker, soll einmal gesagt haben „Ohne Korkenzieher ist der Weintrinker nur ein halber Mensch; ohne ein anständiges Glas ist er verloren.“ Ganz so weit muss man wohl nicht gehen, aber ein gutes Glas kann den Weingenuss vollenden. Für ein gutes Glas gilt vor allem: Es sollte klar, dünn, langstielig, aber vor allem sauber sein.

Das richtige Glas ist also kein Hexenwerk, wenn man sich einige wenige Gedanken dazu macht. Und wem die Auswahl an Formen zu viel ist, der findet bei den meisten Glashütten auch ein „Glas für den Alltag“, ein „Allround-Glas“ oder ein ähnlich benanntes Glas, das einen optimalen Kompromiss der verschiedenen Glasformen darstellt.

So kann man Gläser für viele Anlässe und die meisten Weine nutzen, ohne gleich ein kleines Vermögen in unterschiedliche Glasserien zu investieren.

## Die besondere Flasche für besondere Anlässe

DIE GESCHMACKSPROBE

Wer gerne Rotwein trinkt und ein paar besondere Flaschen im Keller liegen hat, fragt sich vielleicht, wann der optimale Zeitpunkt ist, den Wein zu genießen. Eine knifflige Frage, schließlich sind die Geschmäcker verschieden und genauso unterschiedlich fallen auch die Definitionen aus, wann ein Wein trinkreif ist oder seinen Höhepunkt überschritten hat. Nähern wir uns also dieser Frage zunächst etwas an. Heute steht bei den Konsumenten meist die Frucht als positives Geschmacksmerkmal im Vordergrund: Beerenfruchtige Merlots, Cassis-duftige Cabernets oder kirscharomatische Syrahs rufen Begeisterung hervor. Liebhaber alter Gewächse, denen balsamische Fülle, Trockenfruchtaromen und ein Hauch von Unterholz mehr Freude bereiten, sprechen hingegen bei solchen Weinen von „Jugendwahn".

*Gehaltvolle gerbstoffreiche Rotweine bilden mit zunehmendem Alter gern das sogenannte Depot. Dieser krümelige Bodensatz entsteht aus Gerb- und Farbstoffen, die sich verbinden und zu Boden sinken. Man entfernt es problemlos durch das Dekantieren.*

Mit an Sicherheit grenzender Wahrscheinlichkeit lässt einen der Genuss eines optimal gealterten Weins nicht unberührt. Einfach ist ein solches Genusserlebnis allerdings nicht. Mit einem fruchtig-unkomplizierten Tropfen, der im Alltag Trinkvergnügen bereitet, hat eine solche Rarität nichts mehr zu tun. Und trotzdem: Einen reifen, alten Tropfen, beispielsweise aus dem eigenen Geburtsjahrgang zu probieren, das ist ein Erlebnis, das man so schnell nicht vergisst. Und wer schon selbst keinen solchen Tropfen genießen kann, der möchte dieses Vergnügen vielleicht für seine Kinder reservieren. Wer für die nächste Generation einige Flaschen in den Keller legen will, sollte einige Überlegungen anstellen.

Der Reifeprozess verändert die sensorischen Eigenschaften eines Weins maßgeblich. Farbe, Duft und Geschmack präsentieren sich bei einem gereiften Wein anders als bei einem jungen Wein. Rotwein verliert mit zunehmender Reife sein jugendliches purpur-violett, wird erst granatrot und wandelt sich noch etwas später in eine ziegelrote Farbrichtung.

Schuld daran sind chemische Verbindungen, die sogenannten Phenole. Dies sind Geschmacksstoffe, Tannine und Anthocyane, also wasserlösliche Pflanzenfarbstoffe, die über die Traubenschalen in den Wein gelangen. Bei Rotweinen werden durch die Maischegärung diese Phenole bewusst aus den Traubenschalen gelöst. Hierfür werden die Trauben zunächst entrappt und gemahlen. Die so entstandene Maische beginnt bereits innerhalb weniger Stunden zu gären. Je höher der Anteil der Phenole, desto länger kann ein Wein reifen. Die Phenole haben noch einen anderen Effekt: Unter Sauerstoffeinfluss polymerisieren sie. Kleine, kurzkettige Phenolmoleküle verbinden sich dabei zu größeren Molekülketten. Dieser Prozess dauert an, bis eine Größe erreicht ist, bei der die Molekülketten nicht mehr im Wein löslich sind und sich in der Folge als Depot am Flaschenboden absetzen. Damit verändert der Rotwein nicht nur seine Farbe, sondern durch die Ausfällung der Tannine verliert er auch seinen adstringierenden – also die Zunge regelrecht austrocknenden – Geschmack.

Gleichzeitig verändert sich das Aromenspiel. Am Anfang des Prozesses stehen die frischen und fruchtbetonten Aromen, die aus der Traube stammen, die sogenannten Primäraromen. Die Gärung und der Ausbau des Weins lassen weitere Aromen entstehen: die Sekundäraromen. Zu diesen zählen auch die Röstaromen des Barriqueausbaus oder die im Holz eingebundenen Vanillenoten.

Als Tertiäraromen wiederum bezeichnet man die dritte Stufe der Aromaentwicklung. Alkohol und Säure kommen mit Aldehyden zusammen, die im jungen Wein als Primäraromen für die fruchtigen und floralen Aromen verantwortlich sind. Es findet eine sogenannte Veresterung statt, die ganz neue Aromen im Wein aufscheinen lässt.

So verdanken wir beispielsweise die an Unterholz erinnernden Aromen im Pinot Noir oder Nebbiolo genau diesem Prozess. Er schreitet sehr langsam voran und kann sich über Jahre oder gar Jahrzehnte hinziehen. Wenn die Primär-, Sekundär- und Tertiäromen perfekt zusammenspielen, ist die Grundlage für große Weine gegeben.

Auch am Gaumen verändert sich der Wein im Laufe seines Reifeprozesses. Da der Tanningehalt abnimmt, erscheint der Rotwein plötzlich runder. Interessanterweise bleiben die übrigen geschmacklichen Komponenten wie Alkohol, Säure und Süße im Wein nahezu unverändert bestehen. Trotzdem wird die Säure bei einem reifen Wein als weicher empfunden. Die Entstehung der Ester verändert in diesem Fall das Geschmacksbild und rundet das Mundgefühl ab. Auch dieser Prozess kann sich über eine lange Zeitspanne hin entwickeln.

Doch nicht jeder Wein garantiert ein positives Reifeergebnis. Die Legende, dass Rotwein mit zunehmender Lagerung immer besser wird, ist schnell entzaubert. Die meisten Weine sind heute sofort genussbereit und erfordern keine weitere Lagerung. Die meisten Tropfen haben darüber hinaus tatsächlich nach wenigen Jahren ihren Zenit überschritten. Einige hervorragende Weine erfüllen jedoch alle Bedingungen für eine lange Lagerung. Wie erkennt man sie?

Verschiedene Anhaltspunkte erlauben eine Einschätzung des Reifepotentials. Ein hoher, zuckerfreier Extrakt ist ein erster Anhaltspunkt. Ein alkoholkräftiger Wein hat ebenfalls gute Chancen auf eine positive Entwicklung in der Zukunft. Bei Rotweinen spielen der Tanningehalt und die Farbe eine wichtige Rolle. Je dunkler, farbintensiver und tanninhaltiger ein Rotwein ist, desto größer ist die Chance auf sein Lagerpotenzial. Bei Süd- beziehungsweise Likörweinen, wie beispielsweise Port, sorgen die Süße und der hohe Alkoholgehalt für Sicherheit bei der Entwicklung.

Neben dieser recht groben Faustregel bezüglich der Inhaltsstoffe eines Weins liefern auch die verwendeten Rebsorten wichtige Informationen. Es gibt Rebsorten, die tendenziell besser und langsamer reifen und für eine längere Lagerung geeigneter sind als andere. Dazu zählen bei den roten Gewächsen hochwertiger Cabernet Sauvignon, Pinot Noir, Syrah und Nebbiolo. Werden die Weine darüber hinaus im Barrique ausgebaut, verleiht ihnen dies ebenfalls mehr Stabilität.

*1867 fand man bei Speyer in einem Römergrab die wohl älteste Flasche Wein. Rund 1700 Jahre ist sie alt. Ob sich in der Flasche Rot- oder Weißwein befindet und ob der Wein noch trinkbar wäre, darüber darf spekuliert werden.*

Sogar das Anbaugebiet ist häufig ein Indikator für das Reifepotenzial einer besonderen Flasche. Klassische Rotweingebiete wie Bordeaux, Burgund oder das Rhônetal, die Toskana oder das Piemont haben dies ebenso unter Beweis gestellt, wie die besten Weinberge Kaliforniens. Auch auf den Jahrgang kommt es an, denn Trauben mit einwandfreier physiologischer Reife bringen einfach größere und langlebigere Weine hervor als Trauben, die mehr Regen als Sonne gesehen haben. Übrigens ist Wein eines der sichersten Genussmittel der Welt. Bei der Flaschenreife entstehen keine schädlichen Stoffe, giftig kann ein Wein daher nicht werden. Außerdem warnt einen die eigene Nase, wenn der Zenit deutlich überschritten wurde. Dann kitzeln einen anstatt Fruchtaromen oder balsamischer Würze die stechenden Duftnoten von Essig.

Gibt es einen „richtigen Zeitpunkt“, um eine gute Flasche zu öffnen? Den optimalen Genusszeitpunkt muss jeder für sich selbst entscheiden. Wer Frucht und Frische in einem Wein liebt, wird diesen früher trinken. Dann sind auch Säuren und Gerbstoffe noch deutlich präsenter. Wer komplexe Aromaverbindungen mag, balsamische Fülle und Noten von Honig, Unterholz und Würze im Wein sucht, sollte seine kostbaren Tropfen länger und vor allem richtig einlagern.

Einen Genießertrick gibt es aber: Kaufen Sie eine Kiste mit zwölf Flaschen Ihres Lieblingsweins und probieren Sie diese dann im Halbjahresrhythmus, bei großen Weinen auch im Jahresrhythmus. Schmeckt der Wein und begeistert er durch Farbe und Aromen, kann man den Rest der Kiste genüsslich in naher Zukunft entkorken. Der Zeitpunkt ist dann genau richtig, denn die Schönheit liegt auch in diesem Fall, wie so häufig, im Auge des Betrachters – oder besser noch: im Glas des Genießers.

## Alte Rotweine

### DIE (FAST) VERGESSENE FLASCHE

In nahezu jedem Keller findet sich eine Ecke, ein Regal oder ein Fach, in dem einzelne Flaschen lagern. Meist sind es Geschenke, in der Regel rote Weine, die für einen „besonderen Augenblick" in den Keller gewandert sind. Wenn dann ein solcher Augenblick gekommen ist, greift man meist doch nicht zu der Reserve mit den kostbaren Flacons, denn wer weiß, die Flasche könnte korkig sein, der Inhalt für die Anzahl der Gäste nicht reichen ... Gründe, eine Flasche immer weiter zu lagern, gibt es wahrlich genug. Irgendwann einmal kommen einem auch Zweifel, ob denn der Wein noch gut sei.

So sterben in Deutschland jährlich Tausende von Flaschen einen stillen Tod im Weinregal und hätten zu Lebzeiten doch so viel Gaumenfreude bereiten können. Gegen das Hinscheiden in aller Stille gibt es aber ein Mittel: mutig die Flasche öffnen. Der besondere Augenblick ist – immer. Wenn ein guter Tropfen Freude bereitet, ist damit schon ein ganz besonderer Augenblick geschaffen. Wer jetzt zweifelnd auf die Bestände im eigenen Keller blickt und ratlos vor der Sammlung eingestaubter Etiketten steht, braucht sich nicht zu sorgen. Hier ein paar Tipps, wie man auch alte Flaschen perfekt vorbereiten, einordnen und genießen kann.

Zunächst hilft bereits ein Blick von außen auf die Flasche, eine erste Einschätzung vorzunehmen. Der Füllstand einer Flasche ist nämlich ein wichtiger Hinweis, wie es um einen Wein steht. Der Experte bezeichnet eine gut gefüllte Flasche mit dem Begriff „High Fill“ oder „Into Neck“. In diesem Zustand ist die Flasche bis in den Flaschenhals hinein gefüllt. Bei einem Füllstand, der minimalen Raum im Schulterbereich der Flasche freilässt, spricht man von „Top Shoulder“. Diese Füllstände sind in der Regel bei reifen, alten Kreszenzen gegeben, die noch einigen Genuss versprechen. Ist die Luftblase in der Flasche größer und befindet sich in der Schultermitte, nennt der Weinfachmann dies „Mid Shoulder“. In diesem Zustand oder gar im unteren Bereich der Flaschenschulter, „Low Shoulder“, ist der in der Flasche befindliche Wein vermutlich stark von Oxidation betroffen. Der Genussfaktor wird dann wahrscheinlich eher niedrig sein.

Eine alte Flasche zu öffnen, unterscheidet sich durchaus vom Entkorken eines jungen Weins. Alte Korken sind in der Regel sehr brüchig. Da diese Korken sich mit der Zeit auch mit Wein durchfeuchten, kleben sie gerne an der Innenwand des Flaschenhalses. Hier benötigt man einen Korkenzieher mit einer breiten Spirale, einer Spirale mit „Seele“. Optimal ist die Breite, wenn man bequem ein Streichholz in die Spirale stecken kann. Damit wird der Korken weiträumig gegriffen und kann vorsichtig gezogen werden. Eine schraubenförmige Spirale mit wenig oder keiner Seele wird den Korken eher anbohren als effektvoll ziehen.

Wer auf Nummer sicher gehen will, sollte bei besonders alten Korken einen Doppelklingen-Korkenzieher oder Federkorkenzieher nutzen. Dabei werden zwei Klingen rechts und links zwischen Korken und Flaschenwand geschoben, danach wird der Korkenzier einmal gedreht und der Korken kann perfekt im Ganzen herausgenommen werden.

Was kann man tun, wenn ein Stück Korken abbricht oder gar der ganze Korken in die Flasche rutscht? In diesem Fall hilft eine sogenannte Hebamme, eine dreiarmige Zange, mit der man das bröselige

Korkstück aus der Flasche entfernt. Noch mehr Sicherheit bietet ein Dekantiertrichter mit einem feinen Siebeinsatz. Es kann bei einer alten Flasche durchaus sein, dass der Korken unter der Hand zerbröselt. Die kleinen Korkstückchen, die in den Wein geraten sind, werden durch das feine Sieb zurückgehalten.

Überhaupt ist es bei reifen Rotweinen sinnvoll, sie zu dekantieren. Durch den Reifeprozess setzt sich ein feines Depot am Flaschenboden ab. Dieses Sediment hat eine eher sandige Struktur und fördert nicht gerade den ungetrübten Weingenuss. Das vorsichtige Umgießen des Weins in eine Dekantierkaraffe sorgt für einen klaren Wein, der problemlos genossen werden kann. Der feine Bodensatz verbleibt in der Flasche.

Damit sich das Depot gut vom Wein trennen lässt, empfiehlt sich der Einsatz einer Kerze. Sie ist nicht etwa dazu gedacht, den Wein zu erwärmen, sondern die Flamme durchleuchtet die Flaschenschulter. Das eigene Auge und die Kerze bilden eine diagonale Blickachse, in deren Mitte die Flaschenschulter des Weins liegt. So erkennt man rechtzeitig das Depot beim Dekantieren und kann den Vorgang abbrechen, bevor es in die Karaffe gelangt.

Anders als man vielleicht denkt, ist es durchaus eine knifflige Frage, wann ein Rotwein dekantiert werden sollte. Denn es geht hier auch um den eigenen Geschmack. Im Zweifel sollte der Wein keinen zu großen Sauerstoffkontakt haben. Die Karaffe sollte also eher schlank sein und wenig Kontaktfläche zur Luft haben. Wenn man sich sicher ist, dass der Wein noch viel jugendliches Tannin enthält und mehr Luft verträgt, ist eine bauchigere Karaffe mit größerer Oberfläche besser geeignet. Wer sich dessen nicht sicher ist, kann einen einfachen Trick anwenden. Der Rowein wird kurz vor dem Servieren dekantiert und danach verkostet. Wirkt er noch zu verschlossen, sind die Tannine noch zu ruppig oder erscheint er noch zu frisch, dann kann man ihn ein weiteres Mal dekantieren und füllt ihn einfach in eine zweite

Karaffe um. Damit erlebt der Tropfen eine zusätzliche „Sauerstoffdusche“, die den Aromen nun vermutlich den richtigen Kick gegeben hat. Sollte sich ein Wein als etwas zu reif erweisen, seinen Höhepunkt also vielleicht überschritten haben, dann ist dies noch lange kein Grund, ihn einfach wegzuschütten. Sellerie kann in diesem Fall helfen, doch das ist eine andere Geschichte. Was es damit auf sich hat, lesen Sie im nächsten Kapitel.

## Der Sellerietrick

### SO WIRD ALTER WEIN WIEDER MUNTER

Sellerie stammt aus dem östlichen Mittelmeerraum, wo er auf salzhaltigen Böden wächst. Die krautige Pflanze ist heute fester Bestandteil der klassischen Küche, wird gerne als gesunde Gemüse-Knabberei zum Aperitif serviert und veredelt jedes Glas Tomatensaft. Beliebt war Sellerie schon immer – in den vergangenen Jahren hat der Allrounder in der Küche aber einen wahren Aufstieg erlebt. 277 unterschiedliche Sellerierezepte weist allein ein deutsches Kochportal aus, man kann sich also quasi durchs Jahr kochen, ohne auch nur einmal das Gleiche zu essen.

Doch wie kam der Sellerie aufs Siegertreppchen? In der Antike schmückten sich die Sieger sportlicher Wettkämpfe, wie beispielsweise bei den Neméischen Spielen, die im zweijährigen Rhythmus im Heiligtum von Nemea zu Ehren des Zeus ausgetragen wurden, mit Kränzen aus Lorbeer- und Sellerieblättern aus der Stadt Argos.

Homer erzählt in der „Odyssee“, dass Sellerie das Lieblingsgemüse der betörenden Zauberin Kalypso sei. Vielleicht stammt daher das sich hartnäckig haltende Gerücht, er habe eine aphrodisische Wirkung. Die antiken Griechen jedenfalls verehrten die Pflanze als heilig und die Römer vertrauten auf seine aphrodisische Wirkung derart, dass man Freudenhäuser mit Bildern von Sellerie dekorierte. Selbst die Mediziner des Mittelalters nutzten seine lustfördernden Eigenschaften, mehr noch aber seinen medizinischen Charakter. Er galt als harntreibend und magenreinigend und könne letztlich auch bei rheumatischen Erkrankungen hilfreich sein – so die Überzeugung. Seine positive Wirkung auf Gicht und Rheuma macht ihn auch heute noch zu einem wertvollen Helfer in der ayurvedischen Medizin.

Während meiner Zeit im Bremer Parkhotel beobachtete ich, dass dort anlässlich hochkarätiger Weinproben auffällig häufig mit Sellerie gekocht wurde. Bei fast allen offiziellen Menüs, in deren Mittelpunkt die hochklassigen Gewächse aus Bordeaux standen, kam in irgendeiner Form Sellerie auf den Tisch. Seine aphrodisische Qualität erschien mir als Begründung hierfür irgendwie nicht ganz plausibel. Das wäre mit der hanseatischen Etikette kaum vereinbar gewesen. Des Rätsels Lösung offenbarte mir Anfang der 90er-Jahre der Maître der Commanderie de Bordeaux in Bremen: Sellerie, so erzählte der weinkundige Genießer, passe ideal zu roten Weinen aus dem Bordeaux, egal ob sie jung und tanninbetont oder bereits weit gereift seien. Meine Neugier war geweckt.

Zurück im Restaurant besprach ich mit unserem Küchenchef dieses Phänomen, um eventuellen weiteren Geheimnissen auf die Spur zu kommen. Schnell waren wir uns einig, es auszuprobieren. Wozu lange rätseln, ob diese Theorie stimmen konnte, wenn wir der Frage doch einfach auf dem eigenen Teller und im eigenen Glas auf den Grund gehen konnten. Mit Eifer kredenzte der Küchenchef zunächst einmal, was man mit Sellerie als Hauptbestandteil zubereiten kann: Selleriecremesuppe, Selleriesalat, gedünsteter Sellerie als Gemüse, Selleriepüree und zum Schluss auch gebackener Sellerie – wir schwelgten in Variationen aus Sellerie. Nun fehlten nur noch die Weine.

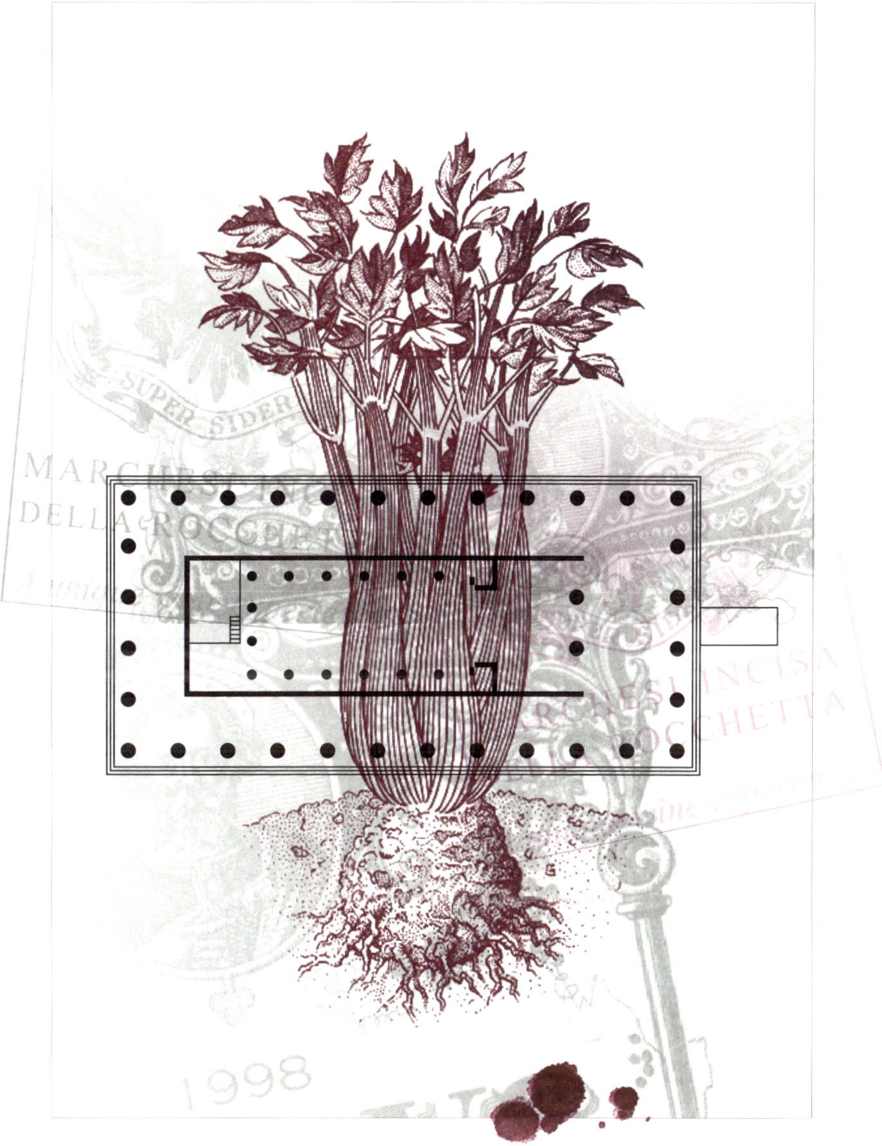
SUPER SIDER
MARCHESI INCISA
DELLA ROCCHETTA
1998

Im hervorragend sortierten Weinkeller des Parkhotels wurden wir schnell fündig. Der passenden Weinauswahl stand nichts im Wege.

Vertreter der Crus aus Frankreichs Südwesten waren ein junger, vor Tannin strotzender Château Montrose aus Saint-Estèphe, ein perfekt gereifter Château Lynch-Bages und ein Château de Sales aus Pomerol, letzterer leider aus einem schwachen Jahrgang mit etwas sprödem Charakter. Als Ergänzung für das französische Heimspiel kamen auch zwei Italiener zum Einsatz: ein Barbera der Marchesi de Grésy, der in der hintersten Kellerecke jeder Inventur entkommen war und seine beste Zeit längst hinter sich hatte, bot sich ebenso an wie ein klassischer Chianti von Marchesi Antinori. Würde diese doch etwas ungewöhnliche Weinauswahl das gewünschte Resultat bringen?

Zwei Stunden lang schwenkten wir die Gläser und führten immer wieder einen Löffel oder eine Gabel zum Mund. Wir kombinierten jeden Wein mit allen Speisen, analysierten unsere Geschmackserlebnisse und genossen Wein und Sellerie mit wachsendem Vergnügen. Das Ergebnis war verblüffend, denn die Tannine des zu jungen Weins wurden über den Sellerie ganz geschmeidig eingebunden. Der spröde Charakter des Pomerol wandelte sich in ein fast samtiges Mundgefühl und förderte ungeahnte Fruchtaromen zutage. Der etwas oxidative Barbera hatte plötzlich eine nahezu frische Frucht, von madeirisierten Tönen war nichts mehr zu spüren. Und der Chianti verführte den Gaumen mit klassischen Fruchtaromen von getrockneten Feigen.

Seither setze ich gerne Sellerie ein, um mich auf der sicheren Seite zu wähnen. Ist ein Rotwein zu jung, macht Sellerie ihn geschmeidig, zeigt er zu fortgeschrittene Reifenoten, frischt er den Duft wieder auf. Aber keine Sorge, alte vergessene Schätze im Weinkeller probiere ich heute sehr gern auch einmal ohne Speisenbegleitung und ganz alleine – so viel Zeit und Geschmack muss sein.

## Rosé: Weder Fisch noch Fleisch

### ES MUSS NICHT IMMER TIEFROT SEIN

Die Idee war ebenso einfach wie genial. Wie macht man aus Grenache-Trauben hervorragender Qualität von hundertjährigen Rebstöcken einen beeindruckenden Wein? Mit dieser Frage sah sich Sacha Lichine konfrontiert, als er in den 90er-Jahren des vergangenen Jahrhunderts sein Château Prieuré Lichine in Margaux verkaufte und dafür einen wundervollen Besitz in der Provence erwarb. Château d'Esclans ist nicht nur ein veritables Schloss, sondern verfügt auch über großartige Weinberge. Allerdings liegt das Gut in der Provence, eine für Roséwein bekannte Region. Das war eine neue Herausforderung für den Bordelaiser Rotweinwinzer. Hilfe kam in Gestalt von Patrick Léon. Der frühere Kellermeister des berühmten Premier Cru Classé Château Mouton-Rothschild hatte „die" geniale Idee: Die Trauben aus den uralten Rebanlagen ergaben zwar einen sehr konzentrierten, aromatischen und erstklassigen Most und dieser im Stahltank ausgebaut hätte einen charmanten Roséwein ergeben. Mehr aber auch nicht.

So nahm sich Patrick Léon das Burgund zum Vorbild. Wie bei einem Montrachet wurde nun der roséfarbene Most in Barriques aus bester französischer Eiche vergoren und darin auch ausgebaut. Fast zwei Jahre dauerte dieser Prozess, währenddessen immer wieder die Feinhefe aufgerührt und der Wein regelmäßig abgestochen, also von einem Fass ins nächste umgefüllt wurde. Damit durchlief der Wein einen Prozess und eine Entwicklung, wie ein großer Weißwein aus dem Burgund. Das Ergebnis war mehr als überzeugend und der erste Jahrgang machte schnell Furore als teuerster Rosé der Welt. Immerhin stattliche 70 Euro kosteten die ersten Flaschen. Die rund 3000 Flakons waren in kürzester Zeit ausverkauft und avancierten besonders an der Côte d'Azur zum Kultgetränk.

Wenn heute die Reichen und Schönen in Cannes, Saint-Tropez oder Antibes ihre Strandpartys feiern, werden nicht mehr nur Doppelmagnums Champagner geköpft, sondern auch die Großformate von Garrus, dem legendären Wein von Sacha Lichine. Mit diesem Wein ist der Rosé endgültig in die Welt der großen und edlen Gewächse eingestiegen.

Wer hätte das gedacht. Rosé galt noch vor wenigen Jahren als die Auswahl der Unentschlossenen und rangierte auf der Beliebtheitsskala weit unten. „Weder Fisch noch Fleisch" lautete das Image des roséfarbenen Getränks. Als vor gut zehn Jahren in der First Class Area am Flughafen München eine roséfarbe Prestige-Cuvée eines renommierten Champagnerhauses serviert werden sollte, boykottierten zahlreiche Passagiere das edle Getränk mit teils eigenwilligen Begründungen. „Das ist doch ein Prickler für Damenkränzchen mit onduliertem Haar und violetten Fingernägeln", lautete das niederschmetternde Argument. Entsprechend wurde dieser feine Rosé gegen einen einfachen Brut Champagner ausgetauscht und die Passagiere waren zufrieden. Heute würde dies wohl nicht mehr passieren, denn Rosé hat sich – nicht nur dank Kultweinen wie Garrus – einen festen Platz in der Wein-Genusswelt erobert. Als dann vor wenigen Jahren die Lufthansa in der First Class erstmals die Cuvée Paradis Rosé von Alfred Gratien ausschenkte, gab es nur noch einige wenige Passagiere, die keine roséfarbene Prestige-Cuvée genießen wollten. Und im Sommer 2017 avancierten der provenzalische Rosé neuen Stils von Château la Gordonne und der Rosé des Cru Classé Château Giscours aus Margaux endgültig zu den Stars in der Lufthansa First Class Lounge München.

Dies ist ein weiterer Beweis für einen Trend, der nun schon seit einigen Jahren anhält und dem Rosé teilweise zweistellige Zuwachsraten jährlich beschert. Die Genießerinnen und Genießer schneiden alte Zöpfe ab und sind neugierig auf spannende Alternativen zu den althergebrachten Klassikern. Dabei hilft auch eine neue Küchenkultur, die sich unterschiedlicher Stilrichtungen, Garformen und Zutaten bedient. Bei diesen teils exotischen Aromen- und Geschmackskomponenten kommen die vielfältigen Eigenschaften der Roséweine ausgezeichnet zur Geltung. Denn Rosé ist nicht gleich Rosé.

Der Klassiker aus der Provence zeigt mit seiner sehr blassen Farbe und seinem angenehmen, unaufdringlichen Duft, der an Beerenfrüchte wie rote Johannisbeeren, Himbeeren oder Preiselbeeren erinnert und am Gaumen eine mineralische Frische entfaltet. Er ist die schon traditionelle Begleitung zu frischen Fischgerichten und Meeresfrüchten. Da er eine eher milde Säure aufweist, eignet er sich auch als Begleiter für feinwürzige asiatische Speisen.

Das Gegenstück zum provenzalischen Stil ist der kraftvoll aromatische Rosé, der mit einer recht intensiven Farbe und einem ausgeprägten Geschmack zu überzeugen weiß. Hergestellt wird dieser Rosétyp, der im Bordeaux auch als Clairet bezeichnet wird, im sogenannten Saftabzug. Auf Französisch heißt dieses Verfahren „Cuvée Saignée“, was sich romantischer anhört. Dabei werden rote Traubenbeeren gequetscht und gemaischt. Die Traubenschalen bleiben bei niedriger Temperatur für einen bis zu 24 Stunden dauernden Zeitraum im Kontakt mit dem Traubenmost, dann zieht man den Most oder Saft ab. Der lange Kontakt von Most und Traubenschalen löst aus diesen nicht nur die Aroma-, sondern auch einige Gerbstoffe. Damit wird der spätere Rosé nicht nur deutlich fruchtbetonter, sondern am Gaumen auch eine Spur strukturierter und herber. Dieser kraftvolle Rosétyp hat schon fast Rotweinqualitäten. Somit ist die „Cuvée Saignée“ ideal zu einer Poulardenbrust in Himbeeressigjus, als kühle Begleitung zum gegrillten Fleisch oder als Alternative zu reifem, mildem Käse.

*Rosé ist vielseitig! Mit einer Handvoll Himbeeren, Erdbeeren, ein paar Esslöffeln Aperol und Zucker und einem Viertelliter Rosé lässt sich ein wunderbares Rosé-Eis am Stiel herstellen. Das Rezept finden Sie unter: rezept.sz-magazin.de.*

Das System des Saftabzugs wurde übrigens ursprünglich entwickelt, um einen kräftigeren Rotwein zu erzeugen. Ist ein Teil des Saftes abgezogen – also in ein anderes Fass umgefüllt – bleiben die Traubenschalen, nun mit weniger Saft, zurück. Wenn diese verbleibende Maische vergoren wird, entsteht ein konzentrierterer Wein.

Eine dritte Variante des Rosé und eine besondere Spezialität aus Deutschland ist der Weißherbst. Er muss zu 100 Prozent aus einer einzigen Rebsorte gekeltert sein. In den meisten Fällen ist das Spätburgunder. Bei diesem Weintyp werden die Traubenbeeren direkt gepresst, sodass aus der gesamten Traube ein roséfarbener Wein erzeugt wird. Der Weißherbst ist in der Regel etwas fülliger, gerne wird auch hier mit etwas Restsüße gearbeitet, sodass sich vielfältige Kombinationsmöglichkeiten, gerade auch mit sahnigen Saucen, anbieten. So bietet Rosé heute ein vielfältiges Geschmackserlebnis, das man als Weinliebhaber nicht verpassen sollte.

## Himmlischer Portwein

DER SÜSSE ROTE

Es war im Jahr 1299, als Arnoldus de Villanova, Mediziner, Pharmazeut, Theologe und wenige Jahre später auch Leibarzt von Papst Clemens V., in Avignon ein Patent einreichte. Bei Versuchen in seinem Laboratorium hatte er so etwas wie den Stein der Weisen entdeckt. Für die damalige Zeit war seine Entdeckung wegweisend: Goss man in einen gärenden Most etwas Branntwein, hörte das Blubbern und Zischen des schäumenden Gebräus auf. Die Flüssigkeit war plötzlich „stumm". „Vin muté", „stumm gemachten Wein", nannte man damals das Ergebnis, das in zweierlei Hinsicht revolutionär war. Die Beendigung der alkoholischen Gärung ließ einen hohen Anteil von Süße im Wein zurück. Gleichzeitig garantierte der hohe Alkoholgehalt eine langfristige Lagerung.

Süße war zu einer Zeit, bevor der raffinierte Zucker erfunden wurde, ein kostbares Gut. Rohrzucker war damals in Europa nicht verfügbar. Es sollten noch Jahrhunderte vergehen, bis raffinierter Zucker aus Rüben gewonnen werden konnte. Gesüßt wurde bis dahin mit Honig. Arnoldus hatte bei seinem Experiment die bahnbrechende Entdeckung gemacht, Zucker „künstlich“ herzustellen. Plötzlich gab es süße Weine, unabhängig von den Launen der Natur. Vermutlich machte ihn seine Aufgabe als päpstlicher Leibarzt reich, denn seine Entdeckung blieb in den Irrungen der Geschichte unbeachtet. Einer seiner Schüler brachte das Rezept nach England, doch dort wurde es lange Zeit ignoriert. Dies sollte sich erst im 18. Jahrhundert ändern.

1703 bot sich England den Portugiesen im Methuenvertrag als Schutzmacht an und vertiefte damit vor allem die gemeinsamen Handelsbeziehungen – eine ideale Situation für die Winzer des Douro-Tals, deren Rotwein dem englischen Geschmack weit mehr entsprach als die Weine des südlichen Minho. So wurde der Wein aus Oporto in England bekannt. Dieser Rotwein besaß nur einen Nachteil: Er war nicht stabil und überlebte eine Seereise bis nach Britannien, wenn überhaupt, nur knapp. Eine Lösung musste her. Da war das Rezept aus dem Jahr 1299 plötzlich wieder interessant.

Ab den 20er-Jahren des 18. Jahrhunderts begann damit ein ungeahnter Aufschwung der Weinproduktion. Englische und schottische Händler erkannten das Potential des Portweins. Er avancierte zum „In-Getränk“. Doch der rapide Aufstieg hatte auch seine Schattenseiten. In der Mitte des 18. Jahrhunderts kam es nicht nur zu einem Einbruch der Nachfrage – zu viele Menschen der oberen Schichten hatten inzwischen zu viel des süßen Weins gekostet – sondern damit einher gingen die Überproduktion der Trauben und zahlreiche Weinfälschungen. Dies rief den einflussreichen portugiesischen Premierminister Marquês de Pombal auf den Plan. 1756 stellte er die Portweinproduktion unter staatliche Kontrolle und legte die Grenzen des Anbaugebiets fest. 1757 folgte eine Klassifizierung der Weinbergslagen, die erste ihrer Art weltweit.

Die konsequente Zugabe von Alkohol noch während der Gärung und die daraus resultierende Süße setzte sich ab dem frühen 19. Jahrhundert als Standard für den Portwein durch und machte aus dem krisengeschüttelten Getränk eine der Ikonen der Weingeschichte. Dabei ist seine Erzeugung sehr aufwändig. Steile Terrassenlagen in kaum zugänglichen Teilen des Douro-Tals sind die Heimat der Reben für den Port. Zumeist sind diese Terrassen aus Schiefer geformt, einem Gestein, das eine perfekte Grundlage für das Wachstum der autochthonen Rebsorten bietet. Die Trauben werden bei optimaler Reife geerntet und danach in der Regel entrappt, also die Beeren vom Traubengerüst getrennt.

*Ein alter Brauch will, dass man bei der Geburt eines Kindes eine gute Flasche Port im Weinkeller deponiert. Zur Feier der Volljährigkeit genießt man diese besondere Flasche und erzählt sich Familiengeschichten.*

Nun werden die Beeren in Lagares eingefüllt, große Becken aus hartem Granit, und mit nackten Füßen getreten. Bei dieser Methode platzen die Beerenschalen auf, ohne dass die Traubenkerne beschädigt werden. Sie würden sonst ungeliebte Bitterstoffe an den späteren Wein abgeben. Die so gewonnene Maische wird nun vergoren. Anschließend reift der dann etwa 20 volumenprozentige kräftige Jungwein in Holzfässern, sogenannten Pipas, mit 500 bis 650 Litern Inhalt.

Im Laufe der Zeit haben sich diverse Typen von Portwein entwickelt, die je nach Herkunft der Trauben, Ausbau und Qualität unterschiedliche Namen tragen. An der qualitativen Spitze stehen zweifelsohne die Vintage Ports, die seltenen Jahrgangs-Portweine. Nur in besonderen Jahren werden diese von den einzelnen Porthäusern hergestellt. Große Rotweine mit üppiger Süße werden etwa nach eineinhalb Jahren Fassreife auf die Flasche gefüllt und reifen dort in Ruhe weiter. Sie bilden in ihrer Reifezeit ein mächtiges Depot und sollten daher vor dem Ausschenken dekantiert werden.

Ein junger Vintage Port zeigt intensive Fruchtaromen, je reifer der Port jedoch wird, desto stärker ausgeprägt erscheinen seine Anklänge von Trockenfrucht, Schokolade sowie seine balsamischen Noten.

Colheita Ports entstammen verschiedenen Trauben eines einzelnen Jahrgangs, wurden aber mindestens sieben Jahre – oder auch wesentlich länger – im Holzfass gereift und erst spät auf die Flasche gefüllt. Der Begriff „Colheita“ bezeichnet auch das Jahr der Ernte. Das Abfülljahr wird ebenfalls häufig auf der Flasche vermerkt.

Late bottled Vintage Ports stammen aus einem einzigen Jahrgang, allerdings wurden sie für einige Jahre im Fass gereift, um eine üppige Frucht zu entwickeln, anschließend auf die Flasche gefüllt. Es sind sehr fruchtbetonte Weine, die relativ jung getrunken werden sollten.

Neben den Vintage Ports spielen die verschiedenen Varianten der fassgereiften Portweine eine wichtige Rolle. Der Ruby Port ist ein jugendlich aufscheinender, fruchtbetonter Port, in der Regel mit Anklängen dunkler Beerenfrüchte, reifer Kirschen und Pflaumen sowie dezenten Gewürznoten.

Eine besondere Kategorie stellen Tawny Ports dar. Sie werden in der Regel mit einer Altersangabe angeboten, die zehn, 20, 30 oder 40 Jahre umfasst. Es sind Cuvées, deren Bestandteile das jeweils angegebene Mindestalter aufweisen. Bei einem Tawny stehen die Reifearomen im Vordergrund. Während ein zehnjähriger Tawny noch viele Beerenfruchtnoten und Steinobstanklänge zeigt, sind beim zwanzigjährigen Tawny die balsamischen Noten schon sehr viel deutlicher ausgeprägt. Je reifer der Tawny Port, desto intensiver werden seine würzig-balsamischen Komponenten. Für besonders alte Tawnys müssen die Grundweine hervorragend sein. Andernfalls würden sie eine Lagerung von mehreren Jahrzehnten im Fass unter dem damit verbundenen Sauerstoffeinfluss kaum überleben.

Portwein ist einer der wenigen Weine der Welt, der perfekt mit Schokolade harmoniert. Doch seine Möglichkeiten gehen weit über einen Einsatz beim Dessert hinaus. Zu reifem Käse sind Portweine ein wahrer Genuss. Und wie trinkt man einen guten Portwein? Normalerweise liegt die ideale Serviertemperatur um 18 Grad, doch auch ein gekühlt servierter Tawny Port kann einen Hauptgang sehr gut begleiten oder im Sommer eine erfrischende Kombination mit seinen frischen Kirschen-, Pflaumen- und Beerenfrüchtenaromen sein.

Port zu trinken, das war lange, wie die Engländer es nennen, „After-dinner gentleman's pursuit", also die Gepflogenheit der Herren, sich nach einer Tischgesellschaft zurückzuziehen. Während sich die Damen dem Tee zuwandten, besprachen die anwesenden Herren bei einer Zigarre die Tagespolitik. Portwein war dabei das Getränk der Wahl. Die Tradition verlangt, den dekantierten Vintage Port bei Tisch rechts neben dem Gastgeber (heute auch der Gastgeberin) abzustellen, der oder die ihn dem Gast zur Rechten einschenkt und nach links weiterreicht. Im Uhrzeigersinn macht nun der Wein von Gast zu Gast seine Runde um den Tisch, bis er endlich wieder zu seinem Ausgangspunkt zurückkehrt. Dies wird so lange wiederholt, bis der Dekanter leer ist.

*Deutschland ist nach Spanien der zweitwichtigste Handelspartner Portugals. Der Vertrieb von Portwein ist allerdings traditionell in englischer und holländischer Hand. Größter Portweinabnehmer in Europa ist übrigens immer noch Frankreich.*

Dieses klassische Ritual für Vintage Port wird auch bei anderen Portweinstilen praktiziert. Der pragmatische Hintergrund: So wichtig das Dekantieren und der Kontakt mit Sauerstoff zu Beginn für den Port ist, zu viel davon und der Portwein verliert. Also genießt man ihn lieber an einem einzigen Abend.

Warum aber reicht man Portwein linksherum weiter? Liegt es wirklich daran, dass man als die Portweinmode aufkam, noch jederzeit in der Lage sein musste, mit der Rechten zum Schwert zu greifen, wie so mancher Portweinfreund freundlich erklärt?

Eine andere Deutung dieses Brauchs sieht den Ursprung in der Royal Navy mit ihrer Regel ein anderes Schiff „Port-side to port-side" zu passieren. Begegnen sich zwei Schiffe auf See und fahren in

WINE DISTRICT
CHATEAU

die entgegengesetzte Fahrtrichtung, so passieren sie sich jeweils auf ihrer Backbordseite – also auf ihrer linken Seite. Als guter Marinesoldat gab man daher den Dekanter aus Gewohnheit nach „Port“, also nach links, weiter. Es mag banal klingen, ist aber vermutlich die einleuchtendste Erklärung für diese Sitte: Da die meisten Menschen Rechtshänder sind, tun sie sich leichter, eine Karaffe nach links weiterzugeben. Wie dem auch sei, Vintage Port ist eine Kostbarkeit. Nur dieser Wein gilt als geeignet, um auf die Königin anzustoßen.

*Lange gelagerte Portweinflaschen lassen sich oft nur schlecht öffnen. Daher gibt es hierfür spezielle Portweinzangen. Sie werden erhitzt um den Flaschenhals gelegt, der dann mit Eiswasser gekühlt wird. Dadurch springt das Glas. Die Flasche ist offen.*

Eine weitere Tradition will, dass die Karaffe mit dem Portwein nicht das Tischtuch berühren darf. Hintergrund dieses trinkfreudigen Brauchs war wohl die Befürchtung, dass eine einmal geöffnete Flasche Port bald ihre einzigartigen Geschmackserlebnisse durch den Kontakt mit Sauerstoff verlieren könnte.

Die Karaffe soll daher stetig kreisen und kaum ist sie leer, wird auch schon die nächste Flasche geöffnet. Ein ganz besonderer Dekanter unterstützt diesen Trinkbrauch: der sogenannte Hoggit. Durch seinen kugelförmigen Boden kann dieser Dekanter nicht aufrecht auf dem Tisch stehen. Er würde umfallen. Daher wird er in einem Gerüst aus Holz abgelegt, das wiederum rechts neben dem Gastgeber platziert ist. Und so kommt am Ende noch jeder zu seinem Glas, bis entweder der Dekanter leer ist oder wieder im Hoggithalter zur Ruhe kommt.

Übrigens trennt der Englische Kanal wie in so vielen anderen Dingen auch bei Portwein die beiden Länder England und Frankreich voneinander. Beide Länder haben eine lange Portweintradition, die sich jedoch in einem Punkt voneinander unterscheidet. Wo in Frankreich Port gerne gekühlt als Lady-Aperitif gereicht wird, ist es in Großbritannien immer noch eine ritualisierte After-Dinner-Tradition, Port zu genießen. „God Save the Queen.“

## Weinnotizen

### Kochen mit Rotwein

*Legendäre Gerichte der französischen Küche wie Coq au Vin oder Boeuf Bourguignon ohne Rotwein? Das wäre nicht denkbar. Im italienischen Piemont erreicht der Brasato al Barolo, der gemächlich in Barolo geschmorte Rinderbraten, wiederum nahezu Kultstatus, während man im nicht weit entfernten Veneto das Fleisch kurzerhand in Amarone schmort. Damit es schmeckt, muss eben der gehaltvolle Rote in der Küche aushelfen. Selbst der rheinische Sauerbraten wird zunächst in einer Mischung aus Rotwein und Weinessig mariniert.*

*Was also macht den Rotwein in der Küche so erfolgreich? Das Geheimnis eines perfekten Bratens liegt in seiner Sauce. Perfekte Bratensoßen wiederum strotzen nur so vor Röstaromen, die sich auf so unnachahmliche Weise mit dem Aroma des Bratens verbinden, dass es schwerfällt, ihnen zu widerstehen. Eine klassische Jus, die Krönung französischer Gastronomiekunst, wird selbstverständlich mit einem ordentlichen Quantum Rotwein zubereitet. Der Saucenklassiker zum Wild, die Sauce Grand Veneur, basiert ebenso auf einer Rotweinreduktion wie die Sauce Marchand de Vin, die den Wein schon im Titel trägt. Zugegeben, eine köstliche Sauce macht aus einem Stück Fleisch erst ein feines Gericht. Für eine gute Sauce braucht man vor allem eines: Zeit.*

*Nehmen wir die klassische Rinderjus. Zunächst werden Knochen im Backofen angeröstet. Man brät Rinderbeinscheiben an und gibt sie später zusammen mit gewürfeltem Wurzelgemüse den Knochen im Backofen bei. Während diese Mischung nun langsam vor sich hin röstet, wird in einem großen Topf Tomatenmark scharf angebraten, die geröstete Mischung aus dem Backofen kommt dazu und alles wird mit einem ordentlichen Quantum Rotwein abgelöscht. Danach wird alles mit Wasser aufgegossen. Langsam köchelt die Jus zunächst auf dem Herd, wird anschließend durch ein Sieb und Tuch passiert und später reduziert. Fertig ist die perfekte Sauce.*

*Mindestens ebenso gut, aber deutlich einfacher, ist das Saucenrezept der Sulzburger Sterneköchin Douce Steiner. Ihr Motto in der Küche: „Schmecken mit dem Gaumen. Sehen mit den Augen. Riechen mit der Nase. Hören mit den Ohren. Fühlen mit den Händen." In ihrem Buch „Cuisine Douce – Sterneküche für Zuhause" präsentiert sie ein Rezept, das leicht zuzubereiten und variantenreich einzusetzen ist.*

Zutaten Lammjus für 4 Personen:
1 Schalotte, geschält, fein geschnitten
1 Teelöffel Butter
1 Rosmarinzweig
1 Thymianzweig
1 Knoblauchzehe, halbiert, Keim entfernt
¼ l Rotwein
½ l Lammfond
20g frische Butter

Zubereitung:
Die Schalotte in der Butter glasig dünsten. Thymian, Rosmarin und Knoblauch beigeben, mit dem Rotwein ablöschen und diesen fast vollständig einkochen. Den Lammfond nach und nach beigeben und jedes Mal um etwa zwei Drittel einkochen. Zuletzt die Jus durch ein Sieb gießen, noch einmal aufkochen und die frische Butter einrühren.

*Für ein Lammkarree die ideale Begleitung. Wer den Lammfond durch Kalbs-, Rinds- oder Entenfond ersetzt, kann damit auch die entsprechenden Fleisch- und Geflügelgerichte begleiten. Ich höre immer wieder von Weinfans den Tipp, dass der Wein, den man zum Menü trinkt, auch in der Küche Verwendung finden solle. Letztlich ist dies sicher Geschmackssache. Ich würde davon allerdings eher abraten. Man muss keinen raren roten Tropfen opfern, um eine gute Sauce herzustellen. Es kann sogar kontraproduktiv sein, die gute Flasche in die Sauce zu kippen. Die Farbstoffe eines reifen Weins, die bereits granat- oder ziegelrote Nuancen zeigen, werden durch das Erhitzen verändert und verleihen der Sauce einen leicht gräulichen Schimmer. Das sieht nicht besonders hübsch aus und ist schade um den Wein. Diesen kann man nach dem Dekantieren sicher besser im Glas genießen. Idealerweise verarbeitet man für die Sauce einen jüngeren Wein mit frischer Säure und guter Farbe. Durch ihn erhält die Sauce eine wunderbare Farbe und einen exquisiten Geschmack.* ⇜«

*Das Geräusch des Korkens erinnert mich an das Hochgehen des Vorhangs bei einer Premiere.*

FRANÇOIS MAURIAC

# Wein erklären

## Rote Trauben, roter Wein

### EINEM TRUGSCHLUSS AUF DER SPUR

Rote Trauben = roter Wein? Wer so denkt, erliegt einem Trugschluss, denn rote Trauben müssen nicht zwangsläufig Rotwein ergeben. Rote Trauben lassen eine Vielzahl an Optionen für die Verarbeitung zu, die weit über die klassische Rotweinerzeugung hinausgehen.

Dies wird einem schnell bewusst, wenn man in die Champagne blickt. Der Großteil der Weinberge dieser legendären Weinregion unweit der französischen Krönungsstadt Reims ist mit roten Reben bepflanzt. Auf die Flaschen wird jedoch meist ein hellfarbener „Weißwein" gefüllt. Der Hintergrund: Traditionell werden die Rebsorten in der Champagne größtenteils direkt gekeltert. Dabei wird wenig Druck angewandt, sodass die Farbstoffe aus den Traubenschalen nicht ausgelöst werden und ein „weißer" Grundwein entsteht. Der angenehme Nebeneffekt dieser Herstellung ist, dass mit wenig Druck auch kaum Gerbstoffe aus den Traubenschalen ausgelöst werden. Die Gerbstoffe könnten bewirken, dass später mit der bei der für die Méthode Traditionelle typischen zweiten Gärung auf der Flasche entstehende Kohlensäure ein leicht bitterer Geschmack entsteht. Die zweite Gärung auf der Flasche ist bei der Schaumweinherstellung eine alkoholische Gärung, bei der wenig Alkohol und die typische Kohlensäure entstehen.

Den weißen Wein aus roten Trauben nennt man Blanc de Noir und es gibt ihn nicht nur in der Welt der Schaumweine. Das Verfahren hat in den vergangenen Jahren auch in Deutschland viele Freunde gefunden. Blanc de Noir wird immer beliebter. Es lohnt sich, bei Winzern in der Pfalz, in Baden oder Franken nach diesem Weintyp zu fragen. Sein Vorteil: Meist ist dieser Wein etwas milder in der Säure als ein klassischer Weißwein derselben Region, zeigt dabei jedoch ein angenehmes Aroma.

Die zweite Möglichkeit für die Verarbeitung von roten Trauben ist Rosé. Durch etwas mehr Druck beim Keltern oder eine längere Kontaktzeit der Traubenschalen mit der Maische können fruchtige Aromen und feine Gerbstoffkomponenten ausgelöst werden. Dieses führt zu roséfarbenen Tropfen, die in unterschiedlichsten Varianten angeboten werden. Die Farbpalette reicht von blass bis farbintensiv. Von trocken bis fruchtsüß hingegen ist die Geschmacksvielfalt. Als Grundregel gilt: Je niedriger die Temperatur während der Kontaktzeit von Traubenschalen und Maische, desto weniger Gerbstoffe werden ausgelöst, während hingegen viel Fruchtaroma gewonnen wird. Beim späteren Keltern gilt, dass mehr Druck auch ein Mehr an Gerbstoffen im späteren Wein bedeutet.

Bei der nächsten Option zur Kelterung eines roséfarbenen Weins spielen weiße und rote Trauben eine Rolle. Rotling heißt dieser Weintyp in Deutschland, dabei werden die frischen Weiß- und Rotweintrauben entweder zusammen eingemaischt oder gemeinsam gekeltert. Es entsteht ein roséfarbener Wein, der tendenziell etwas mehr Fruchtaromen in der Weißweinstilistik präsentiert als ein purer Rosé. Das Weingesetz verbietet die Mischung von Rotwein und Weißwein, um einen Rosé oder Rotling zu erzeugen. Einzige Ausnahme sind Schaumweine. Da Rosé-Grundweine häufig etwas mehr Gerbstoffe haben, könnten Sekt, Champagner und Co. schnell bitter schmecken. Daher darf der hellfarbene „weiße“ Grundwein mit einigen Tropfen Rotwein eingefärbt werden. Natürlich wird ein großer Teil der roten Trauben auch zu Rotwein verarbeitet. Doch das ist ein ganz eigenes Kapitel.

## Und schon wieder korkt der Wein

### DER KORKEN MACHT'S

„Die weiche, extraktive Note eines gealterten Korkens, der aus der Flasche gezogen wird, hat den wahren Ton eines Mannes, der sein Herz öffnet." Können wir uns vorstellen, dass William S. Benwell diese Aussage gemacht hätte, wenn er eine Flasche mit Schraubverschluss geöffnet hätte? So mancher Weinliebhaber genießt das verheißungsvolle Plopp des Korkens fast ebenso wie den ersten Schluck des edlen Tropfens, den der Korken verschlossen hat.

Zur Herkunft des Korkverschlusses gibt es eine liebenswerte Anekdote: Als der Mönch Dom Pérignon aus der Abtei von Hautvillers Besuch von einer spanischen Äbtissin erhielt, sah er fasziniert das robuste und dennoch elastische Material, aus dem die Schuhsohlen der Dame gemacht waren. Denn trotz ihres erheblichen Gewichts lief die Dame unerwartet schwungvoll. Kork schien ihm daraufhin das geeignete, ausreichend elastische Material zu sein, um seine Champagnerflaschen zu verschließen, die bis dahin gerne mal explodierten. Kork, der heute noch viele Weinflaschen verschließt, bedarf intensiver zehnjähriger Pflege, bis er das erste Mal von einer Korkeiche geschält werden kann. Portugal mit seinen 750 000 Hektar Korkeichenwäldern erzeugt allein rund 50 Prozent der weltweit benötigten Korken. Je dichter und langsamer Korkeichen gewachsen sind, desto besser ist die Qualität der Korken, die aus ihrer Rinde gewonnen werden. Mit etwas Mühe lassen sich am Spiegel – der runden Fläche des Korkens – sogar die Jahresringe zählen.

Ein Etikett kann verloren gehen, ein Korken nie. Daher ist die Verkorkung der Flasche auch gleichzeitig die Geburtsurkunde des Weins. Viele Weinliebhaber sammeln die einzigartigen Korken ihrer Lieblingsflaschen, denn auf dem sogenannten Korkbrand sind Name und Jahrgang des Weins notiert.

Am Korken kann man gut erkennen, ob er bereits längere Zeit oder erst seit kurzem auf der Flasche war. Ist er noch elastisch, dann ist die Flasche noch jung. Und durch seine Eigenschaft, atmungsaktiv zu sein, kann der Wein in aller Ruhe altern und sich auf seinen Höhepunkt hin entwickeln.

Nur einen Nachteil hat Kork, der sich auf etwa fünf Prozent der weltweiten Produktion auswirkt: den sogenannten Korkfehler. Er verrät sich durch seinen muffigen Geruch. Der Wein schmeckt schlicht „nach Pappe" oder erinnert gar an einen alten, muffigen Kartoffelkeller. Je teurer der Wein, umso unangenehmer der Verlust. Schnell ist die Laune dahin, wenn man einen exquisiten Tropfen mit Freunden genießen will und sich dieser als pilzig-kratzig auf der Zunge erweist. Die Korkindustrie forscht fieberhaft nach einer größeren Sicherheit bei der Korkqualität. Alternative Flaschenverschlüsse bieten sich an. Doch die Anwendung von Kunststoffkorken war bislang nicht von besonderem Erfolg gekrönt, wenn Weine länger lagern sollen.

*Korkeichen sind Lebenskünstler. Sie werden bis zu 250 Jahre alt. Portugal ist die Heimat der Korkeiche. Hier werden mehr als 50 Prozent der weltweiten Produktion geerntet. Auch in Spanien, Algerien, Marokko und Frankreich gibt es Korkeichenwälder.*

Schraubverschlüsse und Kronkorken sind zwar sichere Alternativen und erlauben auch eine lange Weinlagerung, doch gibt es noch einen psychologischen Faktor, der unüberwindlich scheint. Das sinnliche Vergnügen, das das Plopp dem Weinliebhaber beim Entkorken einer Flasche bereitet, kann ein Schraubverschluss nun wirklich nicht bereiten.

Und: Akzeptieren Weinliebhaber bei frischem jungem Weißwein schon eher einen Glasstopfen oder Drehverschluss, so wird Derartiges bei hochwertigem Rotwein oft noch als Sakrileg empfunden. „Das geht gar nicht", denkt sich so mancher und verschmäht schon den bloßen Versuch. Bis also dauerhafte Alternativen gefunden werden, bleibt Kork sicherlich die Methode der Wahl, wenn es um das Verschließen von Weinflaschen geht.

## Wein für alle Jahreszeiten: Winterweine

### WAS TRINKT MAN, WENN ES DRAUSSEN KALT IST

Eine von Mondlicht beschienene, weiß glitzernde Landschaft, dazu ein prasselndes Feuer im Kamin, vor dem man zufrieden mit einem Glas Rotwein entspannen kann ... Wer wünscht sich nicht gelegentlich einen so wunderbaren Moment zum Innehalten. Der Winter, besonders die Tage vor Weihnachten und die Zeit des Jahreswechsels, hielt schon immer besinnliche Momente bereit. Doch kommen in der Hektik des vorweihnachtlichen Alltags solche Momente gerne zu kurz. Da helfen nur starke Nerven und eben ein passendes Glas Rotwein.

Wenn es draußen klirrend kalt ist, lassen sich die meisten Weingenießer nicht durch ein kühles Glas Weißwein erfrischen, sondern genießen lieber einen angenehm temperierten Tropfen, der dem Gaumen schmeichelt und von innen wärmt. Die Kälte vor der Haustür ist vermutlich eine der stärksten Triebfedern für den Genuss von Rotwein im Winter. Selbst die Tannine tragen das Ihre zum perfekten Wintergenuss bei. Sie haben eine beruhigende Wirkung und Entspannung ist schließlich oberstes Gebot, wenn man mit Freunden und Familie die Feiertage begehen will.

Auch die winterliche Küche verlangt nach einem opulenteren, kraftvolleren und intensiveren Weinerlebnis. Im Winter haben große Bratenstücke mit köstlichen Saucen, Schmorgerichte mit würzigem Duft und herzhafte Wildgerichte ihren großen Auftritt, ganz zu schweigen von der Martins- oder Weihnachtsgans oder den gemütlichen Runden bei Fondue oder Raclette. Selbst wenn wir uns heute viel bewusster ernähren als noch vor wenigen Jahren und auf einen geringeren Gehalt an Fett in den Speisen achten, den deftigen Gerichten entkommt im Winter niemand. Die Möglichkeiten, zu diesen Gerichten den passenden Wein zu kombinieren, sind geradezu unerschöpflich. Jetzt kommen die kraftvollen Rotweine aus

BOURGOGNE CONTRÔLÉE
Pinot Noir

der Neuen Welt ebenso zum Tragen wie die üppigen Klassiker Europas. Beginnen wir mit dem Klassiker der winterlichen Küche: Wild. Auch wenn heute der „Haut-Gout“, der ausgeprägte Wildgeschmack, nicht mehr in Mode ist, der durch langes Abhängen des Fleisches entsteht, präsentiert sich Wild im Gusto doch immer noch ausgeprägter als beispielsweise Kalbfleisch oder Rind. In all seinen Varianten hat Wildfleisch in der Regel einen leicht süßlichen Geschmack. Dieses Geschmacksbild, gepaart mit den intensiveren Aromen, harmoniert perfekt mit Weinen, die feinen Schmelz zeigen. Spätburgunder oder Pinot Noir sind hier die erste Wahl, wenn es sich um feine Wildgerichte wie Rehrücken, Hasenfilets oder um Wildgeflügel wie etwa Fasan handelt. Die ausgeprägte Frucht, die häufig an Sauerkirschen, Himbeeren, Brombeeren und dezent an dunkle Schokolade erinnert, bietet eine hervorragende Begleitung zu den süßlich-würzigen Wildaromen.

*Welcher Wein passt am besten zur krossen Weihnachtsgans? Wie wäre es beispielsweise mit im Barrique-Fass gereiften, kräftigen italienischen Rotweinen, wie etwa einem Valpolicella, Chianti oder Nero d'Avola? Sie harmonieren perfekt zum Festmahl.*

Kräftige Schmorgerichte, egal ob auf Basis von dunklem Fleisch wie Rind oder Lamm sowie Wildgerichte wie beispielsweise Hirschbraten oder geschmorte Rehkeule, vertragen mehr Fülle im Wein. Die Schmorstoffe binden geschickt die Tannine ein, sodass auch gerbstoffbetonte Cuvées einen perfekten Auftritt haben, die auf Basis von Rebsorten wie Cabernet Sauvignon, beispielsweise aus Bordeaux, Tempranillo aus dem Norden Spaniens, Blaufränkisch aus Österreichs Burgenland oder Shiraz aus Australien gekeltert wurden. Ein kraftvolles Gewächs wie beispielsweise Pinotage aus Südafrika oder eine Zinfandel aus Kalifornien können hier ebenfalls harmonieren.

Der Gerbstoff eines Weins spielt auch beim Lieblingsweihnachtsgericht der Deutschen – der knusprig im Backofen geschmorten Gans – eine wichtige Rolle. Der fettreiche Vogel verlangt nach Tannin im Wein, denn es erweckt den Eindruck eines reduzierten Völlegefühls und einer „leichteren“ Verdauung. Fett bindet nämlich, ähnlich wie Schmorstoffe, die Tannine des Weins ein.

Beim gemütlichen Fondue hängt die Möglichkeit der Rotweinbegleitung von der Art des Fondues ab. Zum Fleischfondue, das in Öl ausgebacken wird, passen aufgrund der entstehenden kräftigen Röstaromen rote Tropfen sehr gut. Das in der Brühe gekochte Fondue Chinoise wiederum ist aromatisch so zart, dass nur sehr leichte Rotweine dazu harmonieren, wenn es überhaupt ein Rotwein sein soll. Probierenswert sind in dieser Kombination ein Trollinger aus Württemberg, ein Vernatsch aus Südtirol oder eine Corvina aus Venetien. Zum Käsefondue wie zum Raclette werden traditionell keine Rotweine gereicht. Zwar könnte man auch hier einen Versuch mit Trollinger, Vernatsch und Co. wagen, doch für klassische Genießer wäre dies ein klares Sakrileg. Es gibt schließlich wunderbare weiße Gewächse zu den geschmolzenen winterlichen Käseköstlichkeiten, doch das ist eine ganz andere Geschichte.

## Glühwein: Der winterliche Genuss

WINTER- UND WEINACHTSTRÜNKE

Wein mit Gewürzen zu versetzen ist eine alte Tradition, die schon im antiken Rom perfektioniert wurde. Im Mittelalter war der Einsatz von Gewürzen bei Tisch ein echtes Statussymbol, die Devise lautete damals: je mehr desto besser. Auch der heutzutage allgegenwärtige Glühwein hat in dieser mittelalterlichen Tradition seinen Ursprung, war es doch Luxus pur, einen kräftigen Wein mit raren und teuren Gewürzen zu verfeinern. Ob die Gewürzmengen, die damals im wahrsten Wortsinne vertilgt wurden, uns auch heute munden würden, sei einmal dahingestellt. Allerdings hatte das starke Würzen des Weins auch einen sehr angenehmen Nebeneffekt, denn die Gewürze verbargen die teilweise schwachen Weinqualitäten, die Anzeichen flüchtiger Säure oder deutlicher Oxidation.

Gewürzte Weine, die kalt oder warm getrunken wurden, haben bis in die heutige Zeit überlebt. So gibt es in Basel noch heute „Hypokras" zur Weihnachtszeit. Hierfür wird junger Rotwein aus Frankreich mit wertvollen Gewürzen angesetzt, um später in der Zeit um das Weihnachtsfest kalt oder warm getrunken zu werden. Auch der Glühwein konnte sich bis heute als Winter- oder Weihnachtstrunk im Repertoire der winterlichen Getränke halten. Er lässt sich ganz hervorragend selber machen. Dabei sind der Phantasie keine Grenzen gesetzt. Mit Orangenschale, Zitronenzeste, exotischen Gewürzen, Zucker und Honig lassen sich alle möglichen Varianten denken. Wichtig ist der vorsichtige Einsatz der Gewürze, etwa von Zimt. In großen Mengen wirkt der damit gewürzte Glühwein muffig, manchmal fast „korkig". Auf den ausgewogenen Charakter kommt es an, Frucht und Würze, Säure und Süße bilden die Pole, zwischen denen man aromatisch und geschmacklich bei einem guten Glühwein pendeln möchte. Auch hier ist eine solide Grundlage die beste Voraussetzung für einen gelungenen Glühwein. Ein Wein von schwacher Qualität wird keinen Spitzengenuss liefern können und ein rarer Spitzenwein wäre eindeutig zu schade.

Und so wird der Glühwein zum echten Genuss: Achten Sie auf einen guten, soliden und einfachen Wein. Er muss nicht komplex sein, darf aber gerne eine gewisse Fülle mitbringen. Ob trocken, halbtrocken oder süß, es kommt ganz auf den eigenen Geschmack an. Am einfachsten sind trockene Weine, denn auf ihrer „herben" Basis kann man später die Süße gezielt über Zucker oder Honig steuern. Das ist bei einem Wein mit Restsüße nicht ganz so einfach. Außerdem ist es hilfreich, wenn der Wein keinen zu hohen Alkoholgehalt aufweist, da sonst beim Erhitzen die alkoholischen Noten im Duft dominieren. 12,5 Volumenprozent ist eine bewährte Grenze für einen guten Glühwein. Da beim Glühwein die Frucht wichtiger ist als die Gerbstoffe, sollte der Grundwein möglichst wenig Tannine aufweisen und schon gar nicht im Barrique gelagert sein. Sowohl die starken Gerbstoffe als auch die Aromen des Barrique würden sich nachteilig auf den Geschmack auswirken. Wer seinen Glühwein mit deutschen Weinen zubereiten will, dem empfehle ich die Rebsorten Spätburgunder und Dornfelder. Aus Italien eignen sich Weine aus Valpolicella oder Bardolino, aus Frankreich empfiehlt sich Merlot und mit einem Blauen Zweigelt aus Österreich kann man auch nichts verkehrt machen.

Ein feines, aromatisches Rezept lautet wie folgt: Erhitzen Sie langsam einen Liter trockenen Rotwein (nicht über 80 Grad). In einen Teebeutel oder ein Leinensäckchen geben Sie je einen Teelöffel Koriander und Anis, eine kleine Zimtstange, vier Kapseln Sternanis, je nach geschmacklicher Präferenz sechs bis acht zerdrückte Kardamomkapseln und jeweils acht bis zehn Gewürznelken und Pimentkörner. Lassen Sie diese Gewürzmischung einige Minuten im warmen Rotwein ziehen. Je nach Geschmack geben Sie noch etwas Orangenschale dazu, die Sie im Rotwein mitziehen lassen. Nun noch mit Zucker oder Honig nach Belieben abschmecken ... Fertig ist der Wintergenuss. Servieren Sie den Glühwein anschließend mit etwas Orangenschale als Dekoration. Viel Vergnügen!

## Die Architektur des Weins

### HOLZ, BETON UND STAHL

Wein zu lagern und zu reifen, das war für jeden Winzer schon immer eine Herausforderung. Wein ist von Natur aus kein sehr stabiles Lebensmittel. Genau genommen stellt er nur eine Zwischenstufe im natürlichen Wandlungsprozess von der Traube hin zu einer Mischung aus flüchtiger Säure, Wasser und Zellstoff dar. Das hört sich sehr unromantisch an, ist aber eine wissenschaftliche Tatsache. Vom Können des Menschen hängt es daher ab, wie lange der Zerfallsprozess aufgehalten oder verlangsamt werden kann, um möglichst lange Wein als solchen zu genießen. Sonst wird aus dem köstlichen Rebensaft schnell übel riechender Essig.

Die Steuerung der Gärung, die Klärung des Weins, der Einsatz von Schwefel und zahlreiche andere Methoden haben im Laufe der Zeit dazu beigetragen, Wein zu stabilisieren. Ein ausgesprochen wichtiger Faktor war dabei schon immer das Behältnis, in dem die Tropfen nach der alkoholischen Gärung reifen. Am Anfang dieser Entwicklung stand der Bronzekessel, wie Funde aus dem Fürstengrab von Vix in den 50er-Jahren bewiesen. Damals wurde in dem burgundischen Fürstengrab ein enormer, 1,64 Meter hoher Bronzekessel mit einem Fassungsvolumen von 1100 Litern gefunden.

*Wein, dessen Gärungsprozess gerade abgeschlossen ist, ist noch nicht trinkbar. Er muss zunächst reifen. Dies passiert, indem er beispielsweise im Barrique oder im Stahltank kontrolliert mit Sauerstoff in Kontakt kommt.*

Dieser Kessel ist so groß wie ein Mensch, kunstvoll verziert mit Gorgonen, Schlangen, Löwen und Kriegern. Vermutlich wurde er für den Transport von Wein aus Griechenland eingesetzt. Allerdings waren in der Antike, sowohl bei den Griechen als auch bei den Römern, Amphoren die gängigeren und weitaus handlicheren Behältnisse, um Wein zu transportieren und reifen zu lassen. Vermutlich ist der Kessel daher eher ein Prunkgefäß als ein praktischer Transportbehälter.

Heute gibt es einige Winzer, die sich genau auf diesen historischen Umstand berufen und ihre Weine in Amphoren ausbauen. Allen voran geht der italienische Spitzenwinzer Josko Gravner. Er brachte durchaus provozierend den Tonkrug ins Spiel, auch wenn seine früher verlässlich gleichmäßigen Spitzenweine heute von Jahrgang zu Jahrgang und von Rebsorte zu Rebsorte sehr viel deutlichere Unterschiede aufweisen als zu der Zeit, als er Wein nach heutigen Methoden produzierte. Der Ausbau der Weine in

Amphoren ist schwierig. Die Oxidation kann ungezügelt zuschlagen, eine kontrollierte Gärführung ist kaum möglich und wenn man manchen Tropfen aus dem historischen Tongefäß verkostet, wird schnell klar, warum sich im Laufe der Geschichte zunächst Fässer und später Tanks durchgesetzt haben. Die antike Kelterung hat eben ihre Tücken. Die Geschichte rund um die Amphore hört sich dafür herrlich romantisch an.

*Eine nicht jedem Weinfreund bekannte Form der Weinlagerung ist der Betontank. Neben dem Ausbau im Fass oder in zwischen 100 und bis zu 20 000 Litern fassenden Stahltanks reifen Weine unter stabilen Bedingungen in Betontanks.*

Mit großer Wahrscheinlichkeit waren Holzfässer als Transportbehälter schon den Kelten im 6. vorchristlichen Jahrhundert bekannt. Kunde davon erhalten wir erst von Julius Cäsar (100-44 v. Chr.). Wie sich aufmerksame Lateinschüler vielleicht noch erinnern, machte er auf seinem Gallienfeldzug Bekanntschaft mit diesem Behältnis. De Bello Gallico heißt das Werk, das eben nicht nur über die Kriegsführung der Römer berichtet.

Im ersten nachchristlichen Jahrhundert scheint sich das Holzfass zumindest im Weintransport durchgesetzt zu haben. Aus dieser Zeit werden archäologische Funde von Holzfässern häufiger, während die Zahl der Amphorenfunde abnimmt. Langsam übernimmt das Holzfass die Rolle des wichtigsten Weinbehältnisses. Moste werden im Fass vergoren, anschließend im Fass ausgebaut und sogar noch bis weit ins 20. Jahrhundert hinein auch im Fass transportiert.

Die Gärung im Holzfass bietet besonders für Rotweine große Vorteile. Holz hat zum einen eine isolierende Wirkung. Der Temperaturanstieg oder Temperaturabfall während der Gärung geschieht nicht zu abrupt. Außerdem hat das feinporige Holz eine Wirkung, die feinste Oxidation zulässt. Die sogenannte Mikrooxidation führt zu einer stabileren Struktur des Weins. Diesen Umstand nutzen immer mehr Spitzenweingüter, um ihre besten Rotweine wieder im großen Holzgebinde zu vergären.

Unterstützt werden die Vorteile des Holzgebindes heute auch durch moderne Technik. Mithilfe von Kühlfahnen oder Kühlschlaufen aus Edelstahl, die auch in ein großes Holzfass getaucht werden können, ist die Temperaturkontrolle des Fassinhalts einfach zu gewährleisten. Der anschließende Ausbau im Holzfass ergibt ebenfalls einen ganz besonderen Weinstil.

In der Regel wird Eichenholz für den Ausbau im Fass verwendet, weil es den geringsten Einfluss auf den Weincharakter hat. Bei großen Holzfässern, wie dem Rheingauer Stückfass mit 1200 Litern Inhalt oder dem Moselfuder, das 1000 Liter aufnimmt, findet eine langsame Reifung des Weins statt. Der Sauerstoffeinfluss ist durch die schiere Größe des Fasses sehr fein. Daher haben sowohl die Weißweine als auch die Rotweine aus diesem Fasstyp eine anfangs etwas verhaltenere Frucht, zeichnen sich jedoch in der Regel über eine sehr stetige Aromenentwicklung und eine gewisse Langlebigkeit aus.

Der Ausbau im Barrique, dem kleinen französischen Eichenfass mit 225 Litern Inhalt, prägt den Wein in eine ganz andere Richtung. Zum Oxidationseffekt, der auch hier sehr fein und zurückhaltend ist, kommt eine aromagebende Komponente hinzu. Barriques werden häufig nur für wenige Jahre eingesetzt und geben in den ersten drei Jahren deutliche Aromen vom holzeigenen Vanillin, aber auch Röstaromen, die von der Herstellung der Barriques herrühren, an den Wein ab. So entstehen Weine, die schon im Duft erkennbar für ihre Ausbauweise sind.

Heute werden nicht nur vermehrt Barriques eingesetzt. Schon im 19. Jahrhundert machte sich die Winzerschaft massiv Gedanken, wie man die Oxidation noch besser steuern beziehungsweise verhindern könne. Aus Italien kam die Lösung in Form von Betontanks. Beton hat eine ähnlich dämmende Wirkung wie Holz, ist jedoch weniger luftdurchlässig. Außerdem lässt sich mit Beton nahezu jede gewünschte Fass- bzw. Tankgröße herstellen. Wein, der im Betontank aufbewahrt wird, reift langsamer als im Holz. So konnte dieser Wein auch länger im Tank gelagert werden.

Interessanterweise ist Beton auch heute wieder auf dem Vormarsch. Château Cheval Blanc hat seinen neuen Keller komplett mit Gärtanks aus Beton ausgestattet und auch der berühmte Wein von Château Pétrus wird in Beton vergoren. Die neue Generation an Betontanks ist mit Kühlmöglichkeiten ausgestattet, die schon beim oben erwähnten großen Holzfass zum Tragen kamen.

Ein anderes Weingut war Vorreiter für die Technik des 20. Jahrhunderts. In den 60er-Jahren des vergangenen Jahrhunderts führte das Premier Cru Classé Château Haut-Brion die Vergärung seiner roten Weine im Stahltank ein. Hier kann der Sauerstoffzufluss komplett unterbunden, beziehungsweise sehr gut gesteuert werden. Darüber hinaus ist Edelstahl relativ neutral in seinem Charakter, dabei leicht zu reinigen. Schnell haben sich Edelstahltanks als Aufbewahrungsbehälter für Weißweine etabliert. Erst mit dem Edelstahltank war es möglich, sehr fruchtbetonte Weine zu erzeugen, die Frucht und Frische im Vordergrund zeigten und selbst bei längerer Lagerung auch behielten.

Heute gilt: Aus welchem Behältnis der Wein stammt, ist am Ende zweitrangig, er muss gut schmecken. Ob Barrique, Stahl oder Holz, richtig eingesetzt, können alle drei bei der Weinerzeugung punkten.

## Dornröschen im Glas

### RESERVA: DER BESONDERE ROTWEIN

Etiketten mit einer besonderen Aufschrift ziehen stets die Aufmerksamkeit auf sich. Manchmal ist es nur ein kleines Wort, das den Unterschied bei der Kaufentscheidung ausmacht. Dieses eine kleine

Wort könnte beispielsweise „Reserve“ heißen, „Réserve“, „Riserva“ oder „Reserva“. Die Varianten dieses Begriffs für besondere Qualitäten sind vielfältig. Auch mit Attributen wird nicht gegeizt, was Begriffe wie „Gran Reserva“ in Spanien, „Réserve Personelle“ in Frankeich, „Große Reserve“ in Österreich oder „Privat-Reserve“ in Deutschland beweisen. Doch die Botschaft dieses Begriffs an Kunde und Kundin ist stets klar: „Kauf mich, ich bin etwas Besonderes, das lange im Keller geschlummert hat.“ Der Reiz, vielleicht ein Dornröschen wach zu küssen, ist groß. So vielfältig wie die Schreibweisen sind auch die Interpretationen dieses „Dornröschen“-Begriffs. In Frankreich beispielsweise kann jeder Winzer Réserve, Réserve Personelle oder Grande Réserve aufs Etikett drucken. Der Begriff ist gesetzlich nicht definiert. Er spiegelt lediglich die Einschätzung des Winzers bezüglich der Qualität seiner Weine wider. So verhält es sich auch in den Weinländern der neuen Welt. Estate Reserve, Vintner's Reserve, Private Reserve und viele mehr drücken meist eine bessere Qualität in der Angebotspalette des jeweiligen Weinguts aus, haben jedoch keinen gesetzlich geregelten Hintergrund. Die in Australien häufig anzutreffende Show Reserve verweist auf einen Wein, der speziell für einen der zahlreichen nationalen Weinwettbewerbe, den Wineshows, abgefüllt wurde. Das wohl berühmteste Beispiel ist die aus dem Mc Laren Vale stammende Syrah Show Reserve von Rosemount Estate in Südaustralien.

*Ein romantisches Date – und plätzlich sind die Zähne vom Rotwein verfärbt! Schuld sind bestimmte Inhaltsstoffe des Weins und der veränderte ph-Wert im Mund. Wer auf Nummer sicher gehen möchte, trinkt Reserva. Bei altem Wein ist dieses Phänomen seltener.*

In Südafrika stößt man häufiger auf den Begriff Auction Reserve. Berühmt sind die Auktionen der Cape Winemakers Guild und die Nederburg Wine Auction. Für diese Anlässe werden spezielle Fässer ausgewählt oder Cuvées zusammengestellt, die man ersteigern kann, wie etwa die Cuvée Sophia aus dem Jahrgang 2012 der Jordan Winery in Stellenbosch, die als Cape Wine Makers Guild Auction Reserve auf den Markt gekommen ist.

Gran Reserva
Auction Reserve
Große-Reserve
Réserve Personelle

In anderen Teilen der Weinwelt sind die Begriffe jedoch eindeutig und streng geregelt. In Spanien, Portugal und Italien müssen Weine klar definierte Anforderungen erfüllen, um diese besonderen Bezeichnungen tragen zu dürfen. Sie beziehen sich auf die Weinbereitung, den Alkoholgehalt und den Weinausbau und liegen weit über den Bestimmungen für einen regulären Rotwein. So müssen in Spanien alle Rotweine für eine Reserva mindestens 36 Monate gereift sein, wovon sie mindestens zwölf Monate im Eichenfass und den Rest der Zeit in der Flasche gelagert haben. Für eine Gran Reserva erhöht sich die Zahl auf mindestens 60 Monate Reifezeit, wovon mindestens 18 Monate im Eichenfass stattfinden müssen.

Viele Weingüter überschreiten jedoch diese Mindestanforderungen. Die legendäre Reserva Real von Miguel Torres aus dem Penedès reift mindestens 18 Monate im Eichenfass und wird erst nach mehreren Jahren Flaschenlagerung auf den Markt gebracht. So wird im Jahr 2017 der Jahrgang 2010 ausgeliefert. Die berühmte „Gran Reserva 980“ von La Rioja Alta reift sogar sechs bis acht Jahre im Holz und weitere sechs Jahre auf der Flasche. Die Anforderungen für Reserva und Gran Reserva sind in allen Anbaugebieten Spaniens identisch. Diese lange Lagerung im Holzfass und auf der Flasche schaffen nur die besten Qualitäten. Ein einfacher Wein würde im Holzfass bei dieser zeitraubenden Lagerung oxidieren oder auf der Flasche zerfallen.

Auch in Portugal ist die Reserva für besondere Jahrgänge und herausragende Qualitäten reserviert. Ein Rotwein muss mindestens drei Jahre reifen, davon ein Jahr in der Flasche. Einen ganz speziellen Begriff verwenden die Portugiesen, um eine besondere Form der Reserva zu benennen: Liegt der Alkoholgehalt mindestens 0,5 Volumenprozent über den gesetzlichen Anforderungen für einen roten Tropfen, wird er mit dem Titel „Garrafeira“ geadelt.

In Italien nennt man die Reserva ganz italienisch Riserva. Diese Zusatzbezeichnung ist für DOC- und DOCG-Weine zugelassen und auch in diesem Fall spielen die Fass- und Flaschenlagerung eine Rolle. Allerdings sind diese Zeiträume je nach Region unterschiedlich geregelt. Ein Barolo Riserva muss beispielsweise mindestens 62 Monate reifen (davon mindestens 18 Monate im Holzfass).

Schneller geht es in der Toskana, wo ein Chianti Riserva frühestens 24 Monate nach dem Erntejahr auf den Markt gebracht werden darf und davon zumindest drei Monate in der Flasche verbracht haben muss. Das Zusatzprädikat Chianti „Gran Selezione" sieht ein Mindestlager von 30 Monaten nach dem Erntejahr, davon mindestens drei Monate auf der Flasche, vor.

Doch nicht nur im mediterranen Raum sind die Begriffe für reservierte Qualitäten definiert. Auch im deutschsprachigen Weinbau gibt es die Bezeichnung Reserve. In Österreich darf das Prädikat Reserve bei Rotweinen nur von einem Qualitätswein mit Jahrgangsangabe verwendet werden, der mindestens 13 Volumenprozent Alkohol hat, aus empfohlenen Rebsorten gekeltert wurde und besonders typisch für den jeweiligen Weinstil sein muss. Er darf erst ab dem 1. November des auf die Ernte folgenden Jahres verkauft werden. Für die Prädikate „Große Reserve" oder „Grande Réserve" darf der Verkauf erst ab dem 1. Mai des zweiten auf die Ernte folgenden Jahres beginnen.

In Deutschland war der Begriff lange verboten. Die Politik witterte eine Irreführung der Konsumenten. Vielleicht wollte man sich aber einfach nur nicht mit den Italienern und Spaniern auf eine Stufe stellen. Doch die ungleiche Behandlung innerhalb der von der Europäischen Union abgesteckten Rahmenbedingungen ärgerte die Winzer. Ein couragiertes Mitglied der Winzerschaft aus der Pfalz brachte schließlich den Stein ins Rollen. Sein Weg vor Gericht war steinig. Er führte ihn zunächst bis zum Bundesverwaltungsgericht und weiter zum Europäischen Gerichtshof in Luxemburg. Doch Ende 2008 wurde endlich das Urteil des Oberverwaltungsgerichts Rheinland-Pfalz verkündet. Seither schmücken sich auch deutsche Weine mit dem Begriff Réserve, Grande Réserve oder Privat-Reserve, wenn sie von einer besonderen Qualität sind. Was diese Qualitäten auszeichnet, ist allerdings bislang noch nicht eindeutig geregelt. Im Zweifel schmeckt der Wein einfach ein bisschen besser. Probieren Sie es aus!

## Barrique, Bordeaux und Gouda

### WIE DER KÄSE INS FASS KAM

Besonders bei feinen Rotweinen gilt das kleine, französische Eichenfass, das Barrique, mit 225 Litern Inhalt heute als quasi unverzichtbar. Die Lagerung in den kleinen Gebinden schafft nicht nur eine sehr feine Mikrooxidation, die dem Wein den letzten Schliff verleiht. Die bei seiner Herstellung benötigte Hitze sorgt auch für Röstaromen, die später den Wein ebenso aromatisch ergänzen können wie die feinen Vanillenoten des Holzes selbst. Die im Holz enthaltenen Tannine sorgen dabei für einen gewissen Oxidationsschutz, verleihen dem roten Wein zusätzlich Rückgrat und lassen ihn so besser reifen.

Dabei ist dieser Effekt bei einem frischen, unbenutzten Fass am stärksten. Je häufiger Weine in einem Fass eingelagert wurden, desto schwächer werden die aromatischen Einflüsse des Holzes auf den Wein. Wein sollte aber nie Holzwürze und Röstaromen im Vordergrund zeigen. Daher werden oft nur die besten und konzentriertesten Weine in neuen Holzfässern gereift, während weniger kraftvolle Gewächse eher in gebrauchten Barriques eingelagert werden. Kein Wunder also, dass in Barriques ausgebaute Rotweine regelrecht als Qualitätsgaranten verstanden werden. Ganz so einfach ist es aber nicht. Schon der Anbau des für die Barriques verwendeten Eichenholzes ist eine Sache, für die man vor allem eines braucht: Zeit. Denn bis eine Eiche groß genug ist, um zu einem Fass verarbeitet zu werden, vergehen Jahrzehnte. Und bis eine gefällte Eiche endlich zu einem Barrique verarbeitet wird, vergehen abermals einige Jahre. In dieser Zeit lagert das geschnittene Fassholz unter freiem Himmel. So werden bittere Gerbstoffe ganz natürlich und ohne Chemie ausgewaschen. Je feinporiger das Holz, umso höher die Qualität. Erst dann werden die Eichenholzstücke über dem Feuer sorgsam getoastet, wie es in der Fachsprache heißt, also geflammt.

Bei derart aufwendiger Produktion ist es verständlich, dass Barriques fast schon gegen Gold aufgewogen werden. Begehrt sind die Fässer von Spitzendomänen, die ein neues Barrique zu einem Preis von um die 800 Euro kaufen, es gerade einmal zwei Jahre nutzen und dann weiterverkaufen. Denn, wie schon bereits erwähnt, je häufiger ein Fass genutzt wird, umso schwächer werden seine Aromen. So ist das Barrique ein schönes Beispiel für perfektes Recycling, auch wenn gerade noch etwa 15 Prozent des Kaufpreises beim Weiterverkauf erzielt werden. Dafür aber kann ein weniger bekannter Winzer seine Weine in einem ausgezeichneten Fass eines Spitzenweinguts reifen lassen. Auch dieser Winzer wird das Fass vermutlich nur einige wenige Jahre nutzen. Am Ende seines Weges landet das Barrique entweder in Schottland und wird dort als Reifebehälter für feinen Whisky genutzt oder es beginnt ein weiteres Leben als Blumentopf oder als anderer mehr oder weniger nützlicher Dekorationsgegenstand.

Man kann durchaus sagen, dass die Lust am Fass so groß geworden ist, dass die langsam wachsenden Eichen der Nachfrage kaum gerecht werden. Da dauerte es auch nicht lange, bis findige Winzer einen Weg fanden, die Barriquereife nachzuahmen, ohne die teuren Fässer einzusetzen. Seit 2009 ist denn auch der Einsatz von Eichenholzchips erlaubt. Allerdings darf ein derart gechipter Wein nicht als „Barrique“ bezeichnet werden.

Zurück zu den althergebrachten Barriques. Früher erfüllten sie noch einen anderen Zweck. Sie dienten als Transportgefäß. Über den Seeweg fand das Bordelaiser Fass seinen Weg in die Hafenstädte dieser Welt. Besonders die Weine des Médoc und der Graves wurden gerne auf dem Seeweg transportiert. Dies geschieht heute nur noch selten, eine der wenigen Ausnahmen stellt der Lübecker Rotspon dar. Familie von Oven, die in der Villla Mare in Travemünde das mit einem Stern ausgezeichnete Restaurant Balthazar führt, lässt ihren Lübecker Rotspon in Barriques anliefern und in der hauseigenen Weinmanufaktur reifen. Nach Abschluss des Reifeprozesses wird er in der Hansestadt Lübeck abgefüllt

Die gefüllten Barriques sollen übrigens auch der Grund sein für die rote Hülle, die man gelegentlich um holländischen Gouda findet. Auf der Reise nach Holland mit rotem Bordeaux gefüllt, dienten sie auf der Rückreise einem ganz besonderen Zweck: Nachdem der Wein abgefüllt war, wurde – sozusagen als Ballast für die Schiffe – Käse in die leeren Fässer gefüllt und diese Fässer samt ihrer kulinarischen Köstlichkeit wieder nach Bordeaux geschickt.

Nun kann man sich zweifellos vorstellen, dass dieser Seetransport nicht sehr ruhig verlief. Gerieten die Schiffe in hohen Wellengang oder gar in einen Sturm, kugelten die Käselaibe wild in ihrem Fass umher und kamen auch in Kontakt mit der Fasswand, die von rotem Bordeaux getränkt war. Und so ging während der Schiffsreise die Farbe des Weins allmählich in die Käserinde über. Auf diese Weise soll der Gouda zu seiner roten Schale gekommen sein. Und wenn es auch dafür keinen eindeutigen Beweis gibt, so kann man doch die Bordeaux-Holländischen Handelsverbindungen noch heute auf den gedeckten Tafeln der Châteaux nachvollziehen: Hier wird gegen Ende des Mahls meist ein Gouda oder sein französisches Pendant Mimoulette gereicht. Wie praktisch, dass beide Käse hervorragend zu reifem Rotwein aus dem Bordelais passen.

## Patente Hilfsmittel

VON KORKENZIEHERN, SCHRAUBVERSCHLÜSSEN UND ZANGEN

Der Korkenzieher ist das wohl älteste Weinaccessoire und zweifellos ist er praktisch, nützlich und sinnvoll. Die Engländer haben ihn im 17. Jahrhundert erfunden, zu einer Zeit, in der sich mit der Flaschenabfüllung auch die Verkorkung durchsetzte. Seitdem wurden viele Varianten des Korkenziehers entwickelt. Von ganz einfach bis raffiniert reicht die Spannbreite der auf dem Markt erhältlichen nützlichen Helfer. Aber welcher ist der Richtige für mich? Simpel ist der sogenannte T-Korkenzieher, für Profis gibt es Kellnermesser, Hebel-, Flügel-, Scheren- und Glockenkorkenzieher – da fällt die Auswahl schon einmal schwer. Wichtigster Unterschied: die sogenannte Seele. Damit wird der Innenraum der Wendel bezeichnet, in den problemlos ein Streichholz hineingesteckt werden kann. Die Seele ermöglicht ein gutes Einbohren in den Korken, die Kräfte werden gleichmäßig und auf großem Raum verteilt, sodass auch ein festsitzender Korken gut gezogen werden kann. Seelenlos dagegen ist ein Korkenzieher mit Schraube. Zwar kann man auch mit diesem eine Flasche entkorken, aber ein festsitzender, etwas poröser Korken könnte nur angebohrt werden. Die Folge ist ein lästiges Gebrösel und das ist ärgerlich.

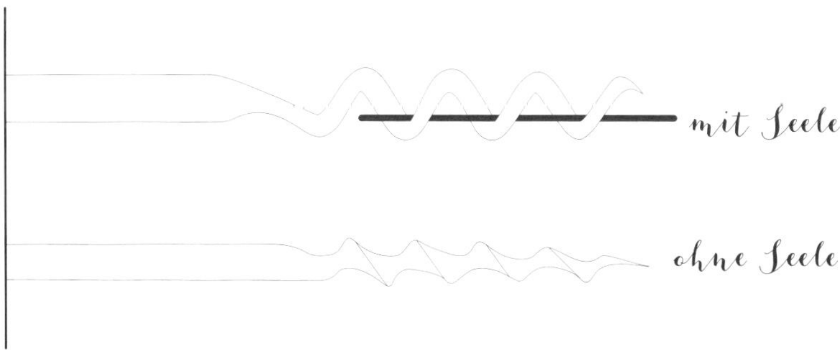

Ein weiterer Unterschied liegt in der Form des Korkenziehers begründet. Das einfache T-Modell verfügt beispielsweise über keine Hebelwirkung. Auf diese Weise wird viel Kraft benötigt, um den Korken aus der Flasche zu ziehen.

Als echtes Profiwerkzeug gilt dagegen das 1883 vom Rostocker Carl Weinke zum Patent angemeldete Kellnermesser. Es ist ein echter Allrounder. Mit dem kleinen Messer, das im Griff eingearbeitet ist, lassen sich die Flaschenkapseln fachgerecht und problemlos entfernen. Die Spindel, auch hier in der Regel eine Wendel, bohrt sich sehr gut in den Korken. Der Hebel sorgt für die optimale Verteilung der Kräfte. Zugegeben, etwas Übung ist notwendig, doch wer einmal den richtigen „Dreh“ herausbekommen hat, möchte dieses Gerät nicht mehr missen.

*1974 wurde die exklusive britische Vereinigung „International Correspondence of Corkscrew Addicts“ gegründet. Die 50 Mitglieder erproben bei ihren jährlichen Treffen die ältesten Stücke ihrer wertvollen, teils jahrhundertealten Sammlungen.*

Die wohl edelsten Kellnermesser gibt es von einem französischen Anbieter und nennen sich Château Laguiole. Diese nützlichen Helfer sind so gesucht, dass es mittlerweile sogar Sammlerbörsen gibt, auf denen die verschiedenen Modelle getauscht oder verkauft werden. Deutlich preisgünstiger und auch sehr praktisch ist das Pulltap‘s Kellnermesser. Bei diesem Modell ist der Hebel zweigeteilt. Der Vorteil: Auch besonders lange Korken lassen ein Nachfassen zu. Nicht umsonst trägt deshalb das Kellnermesser Pulltap‘s auch den Spitznamen „Waiter‘s Friend“ (Freund des Kellners).

Kommen wir nun zu den Flügel- und Scherenkorkenziehern. Beide haben eine sehr lange Tradition. Eine wahre Renaissance hat in den vergangenen Jahren vor allen Dingen der Flügelkorkenzieher, auch Hebelkorkenzieher genannt, erlebt. Dieser wird auch zum Öffnen von mit Naturkorken verschlossenen Flaschen von Prosecco Frizzante eingesetzt. Die oftmals sehr fest sitzenden Korken waren mit den gebräuchlichen Korkenziehern kaum zu öffnen, der Flügelkorkenzieher bietet durch seine gute Hebelwirkung die einzig praktikable

Lösung. Kein Wunder, dass er heute oft als Prosecco-Korkenzieher, dazu meist edel designt, angeboten wird.

Und noch ein Modell ist im großen Korkenzieherdschungel zu finden: der Glockenkorkenzieher. Seinen Namen verdankt er dem „glockenförmigen“ Aufsatz, der den Flaschenhals umschließt. Die Spindel wird komplett in den Korken eingedreht, sobald die Glocke auf dem Flaschenhals aufsetzt, wird über einen Umschaltmechanismus im Drehgriff der Korken herausgedreht. Einen sehr einfachen und unkompliziert zu handhabenden Korkenzieher hat mit diesem Prinzip Screwpull entwickelt. Die Weiterentwicklung ist der Leverpull, bei dem das Prinzip auf einen Hebelkorkenzieher übertragen wurde. Ihn liebt jeder, der in relativ kurzer Zeit verhältnismäßig viele Flaschen öffnen muss. Er besitzt eine optimale Hebelwirkung, dazu wird der Korken automatisch von der Spindel abgestreift – eine echte Wohltat für das Handgelenk.

Bleibt noch der Federzungen-Korkenzieher. Er ist ein idealer Partner zum Öffnen von besonders reifen Weinen. Bei diesem System werden zwei gegenüberliegende Federzungen zwischen Korken und Flaschenhals eingeführt. Mit einem einfachen Dreh kann so der Korken bewegt und ganz aus der Flasche gezogen werden. Besonders bei alten, zerbrechlichen und porösen Korken ist er die optimale Wahl, deshalb sollte dieses Accessoire in keinem Keller eines Liebhabers von Weinraritäten fehlen. Natürlich gibt es auch hier eine Luxusversion: Durand ist eine Kombination aus Federzungenkorkenzieher und einer Spindel, für Fans alter Weine also genau das Richtige.

Doch selbst ein Federzungen-Korkenzieher erreicht seine Grenzen. In Portugal gibt es eine weitere Korkenzieherversion: Portweine und Madeira werden oft jahrzehntelang gelagert. Dabei werden die Korken sehr porös, können durchaus mit der Innenwand des Flaschenhalses verkleben und sind dann kaum noch zu entfernen. Not macht bekanntlich erfinderisch und deshalb entwickelten die Briten eine sehr einfache Methode, an den begehrten Flascheninhalt zu kommen: Sie köpfen einfach die Flasche. Damit das Glas aber nicht splittert, ist dazu ein besonderes Utensil notwendig, die Port- oder Madeirazange. Ihre Anwendung lässt an die Zeit ihrer Entstehung denken. Zunächst benötigt man ein heißes Feuer im Kamin (heute meist durch einen Bunsenbrenner ersetzt). Darin wird die Zange glühend erhitzt. Man legt einen Pinsel oder eine Feder in Eiswasser. Dann säubert man den Flaschenhals. Mit der glühenden Zange umfasst man den Flaschenhals und drückt die Zange einen Moment lang an. Anschließend trägt man mit dem Pinsel etwas Eiswasser am Flaschenhals auf. Durch die entstehende Spannung wird das Glas gesprengt und man kann den oberen Teil des Flaschenhalses abnehmen. Schon ist der Zugang zum edlen Gewächs gewährleistet.

## Ein Einwanderer der besonderen Art

### MIT DNA-TESTS AUF DEN SPUREN EINER REBSORTE

Wenn über die Weine Kaliforniens gesprochen wird, fällt unweigerlich der Name einer Rebsorte: Zinfandel. Fast gilt sie als amerikanische Nationalrebe, tatsächlich kam sie jedoch, wie viele und vieles in der neuen Welt, als Einwanderer über den Atlantik. Und wie bei so manchen Einwanderern ranken sich Geschichten darum, wie es ihnen gelang, ihre alte Heimat hinter sich zu lassen und ins Land der scheinbar unbegrenzten Möglichkeiten zu kommen, um sich dort ein neues Leben aufzubauen.

So ähnlich war es auch mit dem Zinfandel: Es soll um 1825 gewesen sein, dass George Gibbs die Stecklinge dieser Rebsorte aus Gumpoldskirchen importierte. Er besaß eine Rebschule auf Long Island und so wanderte die Rebe über New York in die Neue Welt ein. Ob sie deshalb den eigenwilligen Namen Zinfandel erhielt, der doch eher an den österreichischen Zierfandler erinnert, eine in der Thermenregion rund um Gumpoldskirchen berühmte weiße Rebsorte? Vielleicht wurden auch einfach die Pakete mit den Stecklingen falsch beschriftet. Wie es wirklich war, wird wohl für immer im Dunkel der Geschichte bleiben.

Zur Einbürgerung der heute so beliebten Rebsorte gibt es noch eine weitere Geschichte. So wird berichtet, dass Graf Agoston Haraszthy, umtriebiger Unternehmer, Obstbauer, Pferdestallbesitzer und unter vielen anderen Aktivitäten sogar Sheriff von San Diego, die Rebe in seinem Gepäck aus Ungarn über den großen Teich transportierte. 1840 wäre dies frühestens gewesen, als er über Österreich, Deutschland und England Amerika erreichte. Wahr ist, dass „der Vater des kalifornischen Weins", wie er gern genannt wird, diverse Weinberge unter anderem in Mission Valley bei San Diego, San Francisco und zuletzt in Sonoma anlegte und dabei mit europäischen Rebsorten experimentierte. Dafür ließ er sich immer wieder Stecklinge aus Europa schicken. Sein „Report on Grapes and Wine of California" gilt als das erste amerikanische Werk über europäische Weinbaupraxis in der neuen Welt. Doch ob er tatsächlich auch „Vater des Zinfandel" ist, wird immer noch gern diskutiert.

*In den 70er-Jahren arbeitete Bob Trinchero vom Weingut Sutter Home an der Verbesserung seines roten Zinfandel. Er zapfte Most ab, der kurz auf den Schalen gelegen hatte. Dabei stellte er fest, dass der Rebensaft einen aromatischen Rosé ergab und nannte ihn White Zinfandel.*

Eine so geheimnisvolle Herkunft gibt natürlich Gerüchten Nahrung. In den 60er-Jahren des vergangenen Jahrhunderts wurde daher mit dedektivischem Spürsinn nach den Ursprüngen der Zinfandelrebe gesucht. Austin Goheen, einem Rebsortenkundler und Spezialisten für Rebkrankheiten, fiel 1967 bei einem Abendessen mit einem Freund in Bari die Ähnlichkeit des süditalienischen Primitivo mit dem Zinfandel auf. Er brachte einige Pflanzen in die Vereinigten Staaten, pflanzte sie neben Zinfandelreben und verglich die beiden Rebsorten. Damals war man noch auf die Analyse der äußeren Merkmale beschränkt, kam aber zu dem Schluss, dass die beiden Reben identisch sein müssen.

Den hieb- und stichfesten Beweis dafür erbrachte erst 1999 Carole Meredith. Die Professorin für Önologie an der University of California in Davis konnte die Identität der beiden Reben durch DNA-Analysen eindeutig feststellen. War dies des Rätsels Lösung? Schließlich war auch der Primitivo keine autochthone apulische Rebsorte. Vermutlich erst seit dem späten 17. Jahrhundert wurde sie im Stiefelabsatz Italiens angebaut. Erste Vermutungen brachten die Professorin auf einen möglichen Ursprung in Kroatien. Doch erst nach Hunderten Analysen sollte es im Jahr 2001 gelingen, als Ursprungsrebe die historische Sorte Crljenak kaštelanski zu bestimmen. Diese Rebe, die aus dem kroatisch-ungarischen Grenzgebiet stammte, wurde aufgrund des besonderen Klimas meist im sonnigen Dalmatien angebaut. Das Rätsel ihres Ursprungs war gelöst – durch eine DNA-Analyse.

Heute hat Zinfandel seine wohl größte Bedeutung in Kalifornien, wo nicht nur kraftvolle und würzige Rotweine gekeltert werden, sondern mit dem Zinfandel Blush auch ein eigenständiger Rosé mit feiner Restsüße. Bereits seit 1919 gehörte die Rebe zu den fünf wichtigsten Rebsorten der USA und war sowohl als Tafeltraube als auch zur Weinbereitung beliebt. In den 90er-Jahren war sie zeitweise sogar die am häufigsten angebaute Rebsorte der Vereinigten Staaten und wurde erst in jüngerer Zeit vom Cabernet Sauvignon auf den zweiten Rang verwiesen. Durch die große Bekanntheit in Kalifornien hat wiederum auch der Primitivo in Apulien an Bedeutung gewonnen, wo einige hervorragende Weine besonders unter der Herkunftsbezeichnung Primitivo di Manduria erfolgreich sind. Diese Weine zeichnen sich ebenfalls durch ihren kraftvollen Charakter, intensive fruchtige Aromen von dunklen Beeren, reifen Pflaumen und etwas Dörrobst sowie feinen, würzigen Komponenten aus. Aus dem einstigen Einwanderer ist eine international erfolgreiche Edelrebe geworden.

## Höllisch gute Tropfen

### DER TEUFEL UND DER LIEBE GOTT

Manchmal gehen höllische Tropfen und himmlischer Genuss Hand in Hand. Weinheilige, Engel und Madonnen – gerade in der Weinwelt scheinen sie allgegenwärtig. Sei es versteckt im Namen eines Weinguts oder in den Anekdoten, die sich darum ranken: Engel oder gar der Teufel begleiten so manchen guten Tropfen.

Himmlisch geht es beispielsweise auf Château Angélus, einem der Aufsteiger in Saint-Emilion, zu. Seinen Namen verdankt das berühmte Weingut dem Angelusläuten. Denn nur an einer Stelle, wo die hervorragenden Weinberge des berühmten Weinguts liegen, hört man das Läuten der drei Kirchen von Saint-Émilion gleichzeitig. So viel himmlischer Beistand musste sich irgendwann auszahlen. So schafften Hubert de Bouard und sein Team im Jahr 2012 anlässlich der neuen Klassifizierung von Saint-Émilion den Aufstieg in den Rang eines Premier Grand Cru Classé A. Dem Angelusläuten alleine war dieser Aufstieg sicherlich nicht zu verdanken, vielmehr waren die hervorragende Arbeit und die großen Weinqualitäten der vergangenen Jahre die Basis für diese Entscheidung. Wer hören will, wie das Läuten klingt, das einen herausragenden Wein ergibt, besucht die Webseite des Château. Hier begleitet der Klang der Glocken jeden Besucher auf der Seite.

Unweit von Château Angélus liegt ein ebenfalls himmlisches Weingut, Château Bélair-Monange. Christian Moueix hat dieses Premier Grand Cru Classé B vor wenigen Jahren erworben und den Familiennamen seiner Mutter an den alten Namen angehängt. „Monange“ bedeutet übersetzt „mein Engel“ und so ziert auch ein solcher das neue Etikett. Wer gar noch einen eigenen Heiligen in der Familie hat, kann sicherlich auf göttlichen Beistand bauen. So die Familie des Marchese Incisa della Rocchetta. Sein Weingut in der Toskana, Tenuta San Guido, geht auf einen Vorfahren mütterlicherseits zurück, den Heiligen Guido della Gherardesca, der im 13. Jahrhundert lebte. Himmlisch schmecken die Weine dieses wunderbaren Landguts in Bolgheri, dessen berühmtester Vertreter der Supertuscan Sassicaia ist.

Wo der Himmel ist, liegt auch die Hölle nicht weit. La Braise d'Enfer, frei übersetzt „Backofen der Hölle", heißt die Spitzenlage in Epesses am Genfer See. Ihren Namen verdankt die Lage ihrer steilen Neigung. So gerät der Hang bei schweren Regenfällen häufiger ins Rutschen. Doch der Volksmund erklärt das so: Unten im Berg brät der Teufel die armen Seelen in der Hölle, das dadurch entstehende Höllenchaos führt zum Nachrutschen des Berges. Mit einem kleinen Teufelchen im Namen begnügt sich das Weingut Tenuta Diavoletto. Es liegt an der „Strada di Vini e di Sapori", der Straße der Weine und Genüsse, unweit der Ortschaft Polenta, in der auch einst der aus Florenz vertriebene Dichter Dante Rast machte. Und so ziert denn auch ein angedeuteter spitzer Dreizack die Etiketten dieses Produzenten.

Einen Teufel als Besitzer eines Weinbergs kennt man in Franken. Im romantischen Weinort Randersacker, unweit der Frankenmetropole Würzburg, gibt es die Lage Teufelskeller. Der Legende nach soll hier ein Winzer mit dem Teufel gewettet haben, eine andere Mär erzählt vom Teufel, der im Keller sein Unwesen trieb, und auch andere Teufels-Gerüchte zeugen von einem gewissen barocken Aberglauben. Dabei beruht der Name Teufelskeller gar nicht auf teuflischen Machenschaften, sondern schlicht darauf, dass die Familie, der er gehörte, Teufel hieß. So einfach geht das.

Und ist der Teufel nicht zur Hand, holt man sich eben seinen eigenen Teufel in den Keller. So ließ sich etwa Don Melchor, Gründer des renommierten Hauses Concha y Toro im chilenischen Maipo-Tal eine abenteuerliche Geschichte einfallen, nur um seine Mitarbeiter daran zu hindern, sich an den edlen Tropfen zu vergreifen. Dazu behauptete er kurzerhand, dass in seinem Keller der Leibhaftige umgehe.

2002
SAINT-ÉMILION

Weshalb der Wein noch heute „Casillero del Diablo“ heißt. Tatsächlich gelang es so dem Patriarchen, die Schätze des Casillero vor der Plünderung zu bewahren. Wer es nicht glauben mag, kann sich selbst überzeugen. Heute wird der Teufel per Schattenriss an die Wand projiziert, so wird dieser für jeden erkennbar.

Manchmal führten auch andere Ereignisse zu teuflischen Bezeichnungen. Und dabei spielt das Wetter eine große Rolle. Seine verheerenden Auswirkungen haben sich gerade auch im deutschsprachigen Raum in vielen Lagebezeichnungen erhalten. Dem Wort „Hölle“ kommt dabei eine zentrale Bedeutung zu. Winzer bezeichneten so sonnenbeschienene Südlagen, in denen das Arbeiten sehr schnell als absolut „höllisch“ erlebt wurde. Auch wenn die Belohnung in Form von ausgezeichneten kraftvollen Weinen winkte, der Weg dahin war qualvoll. Der Kirchhofener Höllberg hat darin seinen Ursprung und auch die Mainhölle. Der legendäre Assmannshäuser Spätburgunder aus der Spitzenlage Höllenberg hat allerdings so gar nichts mit dem Jenseits zu tun. Hier leitet sich der Name von einer Verballhornung des Begriffs Haldenberg ab. Höllisch gut und himmlisch verführerisch schmeckt er trotzdem.

Weil am Ende immer das Gute über das Böse triumphiert, hier noch die Erklärung, warum der Wein aus Sasbachwalden in der Nähe von Baden-Baden den klangvollen Namen „Alde Gott“ trägt. Am Ende des Dreißigjährigen Krieges war das Land entvölkert und es schien unmöglich, eine Familie zu gründen. Auch ein junger Mann war sehr einsam. Als er nach langer Wanderung zufällig auf einem Hügel ein liebreizendes Mädchen traf, rief er bei dessen Anblick völlig beglückt: „Der alde Gott lebt noch!“ Und so tauften die beiden denn auch den Hügel, auf dem sie sich trafen, und die angrenzenden Weinberge „Alde Gott“. Und wenn es denn nicht wahr sein sollte, so ist es doch gut erfunden, der Spätburgunder aus dieser Lage kann durchaus paradiesisch munden.

## Weinnotizen

### Der Schönheitsfleck

*Bei manchen Verkostungen entstehen Bilder im Kopf, die vordergründig so gar nichts mit Wein zu tun haben. Und doch sind diese Bilder unvergesslich, brennen sich tief ins Gedächtnis ein und machen das Erlebnis Wein noch ein Stück weit lebendiger.*

*So auch in Pomerol an einem wunderbaren Sonntagmorgen im Jahr 2017 während der berühmten Weinmesse Vinexpo. Die Veranstaltung hätte kaum prestigeträchtiger sein können. Während die Sonne am tiefblauen Himmel das Thermometer auf 38 Grad trieb, hatte man im kühlen Keller des Château L'Evangile für einen kleinen Kreis eine großartige Verkostung vorbereitet.*

*Kaum 40 Gäste waren zu dieser Verkostung eingeladen, die einige der berühmtesten Jahrgänge von Château l'Evangile zum Thema hatte. Baron Eric de Rothschild persönlich informierte über die verschiedenen zu verkostenden Weine. Sein Gutsdirektor Eric Kohler hatte dabei eine ganz besondere Reihenfolge geplant. Die Jahrgänge wurden nicht chronologisch präsentiert, sondern nach Themen geordnet. Den Auftakt machten die „herausfordernden" Jahrgänge 2012, 2002 und 1995. Die Jahrgänge*

*2010, 2009 und 2005 bildeten die „herausragende Trilogie". Als große Klassiker wurden 2001, 2000 und 1985 verkostet und schließlich die „zeitlosen Kellerschätze" aus den Jahren 1998, 1989 und 1982. Diese Reihenfolge ließ gänzlich andere Geschmackserlebnisse zu als die sonst übliche Verkostung nach Jahrgängen.*

*Das Ergebnis: Besonders auffallend war der 1985er, einer der besten Weine der Probe. Seine granatrote Farbe mit ziegelroten Reflexen zeigte deutlich sein Alter und seine Reife. Die Anklänge von aromatischen Gewürzen, kubanischem Tabak, Zedernholz, fein gegerbtem Leder, gerösteten Kastanien sowie Vanille, Kardamom und dunkler Schokolade bildeten einen verführerischen Duft. Die Aromen setzen sich auch am Gaumen fort, wo dieser außergewöhnliche Tropfen eine zarte Säure und elegante Tannine, eine fast „sandige" Textur, große Finesse und Tiefe zeigte. Der Eindruck wurde durch Aromen von gerösteten Kastanien, kandierten Kirschen, Backpflaumen, Tabakblatt und einem Hauch Kardamom verstärkt. Ein absolut faszinierender Wein, der mich in seinen Bann zog.*

*Auch Baron Eric de Rothschild zeigte sich begeistert, meinte jedoch, dass der Wein nicht ganz perfekt sei, denn er würde eine dezente, leicht grüne Note im Hintergrund zeigen. Genau das war es! Madame du Barry mit ihrem legendären Schönheitsfleck. Waren es nicht die Damen des Rokoko, die diese als „Mouche" bekannten kosmetischen Applikationen einsetzten, um noch attraktiver zu erscheinen?*

*Das perfekte Gesicht könnte auf Dauer langweilen, so der zugrunde liegende Gedanke. Der Schönheitsfleck war die kleine, wohlplatzierte Nicht-Perfektion, die dem Aussehen erst die richte Attraktivität und Spannung verlieh. Und genauso verhielt es sich auch mit dem 1985er von Château Evangile. Diese dezente, leicht grüne Note, die sich für mich mit dem ätherischen Anflug von frischem Kardamom präsentierte, verlieh dem Wein einen großartigen Spannungsbogen, ließ ihn im Glas aufleben und forderte zu einer intensiven, gleichzeitig genussreichen Auseinandersetzung auf.*

*Seit dieser Verkostung weiß ich, dass auch bei Weinen ein Schönheitsfleck durchaus gewinnend sein kann, und sei es nur die Natur, die durch irgendeine Wetterkapriole oder den besonderen Charakter der Rebsorte diesen Schönheitsfleck geschaffen hat.*

*Der am besten bewertete Wein der Verkostung war für mich übrigens der 1998er. Er hatte zwar keinen „Schönheitsfleck", war aber ein großartiger Pomerol wie aus dem Bilderbuch, der mit dem Duft von Dörrpflaumen und Schwarzkirschen, reifen und süßen Holunderbeeren, Anklängen von schwarzen Périgord-Trüffeln, getrocknetem Kardamom, Vanille und getoastetem Lebkuchen sowie einem Hauch Orangenzeste im Hintergrund an Harmonie kaum zu übertreffen war. Ein Wein, der tiefgründige Aromen, ein großartiges Geschmackserlebnis, wunderbare Frische und aromatische Komplexität so herrlich verführerisch verband, wie es selbst der wundervolle Schönheitsfleck des 1985ers nicht konnte.* ⋘

Beim Weißwein denkt man, beim Rotwein spricht man, beim Sekt macht man Dummheiten.

HENRI VIDAL

# Wein kennen

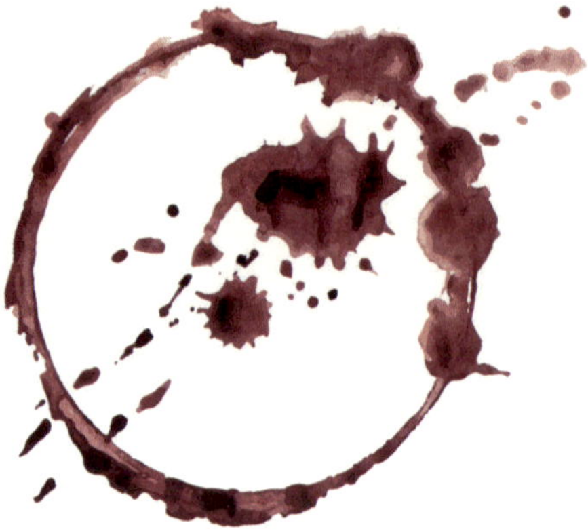

## Deutschland, ein Rotweinland

VON ELEGANT BIS KRAFTVOLL – GEWÄCHSE MIT POTENZIAL

2016 wurden nach Angaben des OIV, der Internationalen Organisation für Rebe und Wein, weltweit auf 7,5 Millionen Hektar Rebfläche rund 259 Millionen Hektoliter Wein erzeugt. Eine beeindruckende Menge. Die deutsche Weinerzeugung nimmt sich dagegen fast bescheiden aus: Gerade einmal 9 Millionen Hektoliter Wein hat Deutschland 2016 gekeltert und landete damit im Ranking der bedeutendsten Weinnationen auf dem 10. Platz. Sehen wir uns zunächst einmal die heimische Rotweinproduktion an. Deutschland ist tendenziell ein Weißweinland. Zwischen dem Bodensee im Süden und der Elbe im Norden werden gerade einmal 36 Prozent der Trauben zu Rotwein verarbeitet.

Doch auch in Deutschland gibt es Weinbaugebiete, die auf eine lange Rotweintradition zurückblicken können. Werfen wir einen näheren Blick darauf.

Im Norden ist es das Ahrtal, berühmt für seine auf Schieferböden wachsenden Spätburgunder und die begehrte Spezialität Frühburgunder. Einige der besten Winzer Deutschlands arbeiten in diesen Steillagen, beispielsweise das Weingut Meyer-Näkel. Die Spätburgunder des Ahrtals sind Gewächse mit einem hervorragenden Reifepotential, sehr feiner Schieferwürze und ausdrucksstarker Frucht.

*Weinbau wird vor allem in den gemäßigten Zonen betrieben. In Europa liegen die Hauptanbaugebiete zwischen dem 40. und 50. Breitengrad. Doch auch auf Sylt (55. Breitengrad) und in Norwegen in der Region Telemark in der Nähe von Oslo wird Wein angebaut.*

Im südlichsten Weinbaugebiet Deutschlands, Baden, wird Rotwein auf der Basis der Spätburgundertraube gekeltert. Die Spitzenbetriebe wie die Weingüter Dr. Heger in Ihringen oder das Weingut Bernhard Huber in Malterdingen sind Garanten für kraftvolle Spätburgunder mit den typischen Aromen von Sauerkirschen, Himbeeren und Brombeeren, verbunden mit zarten Anklängen von Bitterschokolade.

Doch hat sich in Baden viel getan. Innovative Winzer wie Hanspeter Ziereisen oder Martin Waßmer nutzen das warme südwestliche Klima und experimentieren erfolgreich mit Rebsorten wie Syrah oder Cabernet Sauvignon. Einige dieser Gewächse konnten sich sogar auf der internationalen Bühne durchsetzen.

Zu den innovativsten Weinregionen gehört die Pfalz. Im zweitgrößten Anbaugebiet Deutschlands spielt der Spätburgunder ebenfalls eine wichtige Rolle. Daneben etabliert sich ein eigenständiger Stil für die Rebsorte Merlot und auch mit Cabernet und Syrah wird erfolgreich experimentiert.

Zu den Pionieren der ersten Stunde gehört das Weingut Knipser, dessen Cuvée X regelrecht Kultstatus genießt. Cabernet Sauvignon, Cabernet Franc und Merlot werden für rund 20 Monate in meist neuen Barriques ausgebaut und der Wein präsentiert überbordende Aromen von schwarzen Johannisbeeren, Tabak und eleganter Holzwürze. Auch das Weingut Karl Pfaffmann hat mit seiner Cuvée Lara bewiesen, dass eine Cuvée aus Cabernet Sauvignon und Merlot, im Barrique ausgebaut, einen Hauch von Bordeaux ins Glas zaubert.

*„Sie haben Trolle, wir haben den Trollinger", mit diesen Worten verabschiedete Philharmonie-Intendant Cornelius Grube den schwedischen Chefdirigenten der Württembergischen Philharmonie, Ola Rudner, der zwischen 2008 und 2016 das Orchester leitete.*

Neben dem Spätburgunder und zahlreichen Spezialitäten hat sich mit dem Dornfelder eine Rotweinrebe etabliert, die mit pflaumenduftigen und dunkelfarbenen Rotweinen auch im Preiseinstiegsbereich punktet. Sie ist nicht nur in der Pfalz erfolgreich, sondern auch im benachbarten Rheinhessen, dem größten deutschen Weinbaugebiet. Dort war früher traditionell im Norden des Anbaugebiets rund um Ingelheim Rotwein stark vertreten.

Spätburgunder und Frühburgunder werden in hervorragenden Qualitäten in den Weinbergen entlang des Südufers des Rheins angebaut wie das Weingut J. Neus beweist.

In Württemberg wird in der „Schwäbischen Toskana" ebenfalls Rotwein angebaut. Hier ist der Trollinger beheimatet, ein hellfarbener Rotwein, der im Sommer leicht gekühlt ebenso gut mundet wie mit etwas Zimmertemperatur im Winter. Freche Zungen behaupten ja, dass jeder Schwabe von Kindesbeinen an mit dem Trollinger aufwächst. Ein Tipp für den Einstieg in dieses Thema: der Rädles Trollinger vom Weingut Wöhrwag mit seinem feinen Kirsch- und Himbeerduft. Im September und zwischen Januar und März öffnet der Winzer seine Besenwirtschaft.

Der Lemberger, der in Österreich als Blaufränkisch berühmt ist, stammt ebenfalls aus der Region. Klangvoll ist die Liste der Spitzenwinzer, die mit Großen Gewächsen punkten können, Aldinger, Dautel und Haidle, Graf von Neipperg, der Fürst von Hohenlohe-Öhringen oder das Staatsweingut Weinsberg, wo 1868 die ersten sechs Zöglinge in die Schule aufgenommen wurden. Seine würzigen, fast pfeffrigen Aromen in Verbindung mit dunklen Beerenfruchtnoten machen den Lemberger zu einem besonderen Geschmackserlebnis. Über seine Herkunft wird noch viel diskutiert. Egal ob aus dem Ort Lemberg im heutigen Slowenien stammend oder aus der Nähe von Wien – er ist immer ein Geschmackserlebnis.

Im württembergischen Neckartal ist auch der Schwarzriesling beheimatet, die sogenannte Müllerrebe – ein süffiger Rotwein mit Aromen von roten Beerenfrüchten und Sauerkirschen. Die Rebsorte ist recht selten anzutreffen. Außerhalb Württembergs hat sie nur noch in der französischen Champagne eine größere Bedeutung.

Selbst in Franken hat sich erstklassiger Rotwein etabliert, allen voran das Weingut Rudolf Fürst in Bürgstadt. Weinbau wird von der Familie Fürst nachweislich seit 1638 betrieben. Vom milden Klima des Maintals im Talkessel Miltenbergs begünstigt, herrschen hier ideale Bedingungen. Mit seinen herausragenden Spätburgundern und fein ziselierten, ausdrucksstarken Frühburgundern haben es Paul Fürst und sein Sohn unbestritten in die Phalanx der Kultwinzer Deutschlands geschafft.

Auch der Rheingau, bekannt für seine großartigen Rieslinge, hat Rotwein zu bieten. Berühmt ist der Weinort Assmannshausen, wo die legendäre Lage Höllenberg sehr langlebige Rotweine hervorbringt. Die kargen Schieferböden lassen hier Spätburgunder wachsen, die dicht strukturiert sind und denen auch eine lange Flaschenlagerung nichts anhaben kann. Der 1921er Assmannshäuser Höllenberg aus den Kellern von Kloster Eberbach ist noch heute lebendig, fast frisch, mit einem komplexen Aromenspiel.

Auch wenn Deutschland es gerade einmal knapp unter die Top Ten der bedeutendsten Weinbaunationen geschafft hat – unsere heimischen Tropfen bieten Genuss pur und sind eine erstklassige Alternative zu den internationalen Gewächsen – auch im Rotweinbereich.

## Europas Weine

EIN ÜBERBLICK

Spätburgunder ist für die Rotweinproduktion in Deutschland absolut Trumpf und wird durch einige besondere Sorten ergänzt. Ganz so einfach ist das im größten Weinland der Welt, **Frankreich**, nicht. Bei über 50 Millionen Hektoliter Jahresproduktion in 2016 kann man sich vorstellen, dass die Vielfalt an Rebsorten und Weinen hier unendlich scheint.

Um sich in der Weinvielfalt Frankreichs zurecht zu finden, hilft ein einfacher Trick. Man teilt das Hexagon in vier Teile auf: Der Nordosten wird vor allem von der Rebsorte Spätburgunder dominiert, die dort Pinot Noir genannt wird. Die Weine der Champagne werden ebenso aus ihr gekeltert wie die großen Rotweine Burgunds. Im südlichen Teil des Burgund ist der Gamay zuhause, eine Rebsorte, die einen fruchtigen, unkomplizierten Weinstil repräsentiert, der in den Cru-Lagen des Beaujolais auch ernsthafte, gut strukturierte und lagerfähige Tropfen ergibt.

Im Nordwesten ist das Loire-Tal das bedeutendste Weinbaugebiet. Dort konzentriert sich die Rotweinproduktion auf die Region von Sancerre, wo Pinot Noir tonangebend ist. Im weiteren Verlauf der Loire gewinnt die Rebsorte Cabernet-Franc an Bedeutung, deren würzige und häufig an reife, rote Paprika erinnernde Aromen ihre besten Gewächse in den Gemeinden Chinon, Saint-Nicolas-de-Bourgeuil, Bourgeuil und Saumur-Champigny hervorbringt.

Der Südosten wird im oberen Teil des Rhône-Tals von der Rebsorte Syrah dominiert. Im unteren Teil wächst eine Vielfalt an roten Rebsorten wie Grenache, Cinsault und Mourvèdre, die sowohl im südlichen Rhônetal für Gewächse wie Châteauneuf-du-Pape und Gigondas eine Rolle spielen wie auch in den Weinbergen des Languedoc und Roussillon.

Der Südwesten von Frankreich hat seinen berühmtesten Weinvertreter in Bordeaux, wo die Rebsorten Cabernet Sauvignon, Cabernet Franc, Merlot, Petit Verdot (der „kleine Grünling“) und Malbec beheimatet sind. Diese Rebsorten ziehen sich in unterschiedlicher Gewichtung und Zusammensetzung durch den gesamten Südwesten Frankreichs.

Wenden wir uns einem anderen großen europäischen Rotweinland zu: **Italien**. Um zu verstehen, wie Reben und Weine hier verteilt sind, teilen wir das Weinbauland in Scheiben auf. Im Norden ist das Klima mediterran geprägt, doch unterliegt es den kühlenden Einflüssen der Alpen beziehungsweise der Dolomiten. In diesem Spannungsfeld zwischen heißen Tagen und kühlen Nächten wachsen besonders aromatische Rebsorten. Der Norden präsentiert Weine wie Barolo und Barbaresco im Piemont, wo die Rebsorte Nebbiolo erfolgreich ist. Man findet diese Rebe auch im Valtellina sowie in anderen Regionen des Nordens. Pinot Noir ist ebenfalls erfolgreich, besonders in Südtirol, dem Trentin und der Lombardei. Ebenfalls häufig im Norden zu finden, ist die Cabernet-Rebe, wobei sie besonders im Trentin mit einem pfeffrig-würzigen Stil zur Hochform aufläuft, während sie in Friaul-Julisch Venetien einen eleganten, leichtfüßigen Stil charakterisiert.

*Schon in prähistorischer Zeit wuchsen im heutigen Italien Reben. Etrusker, Griechen und Römer bauten in der Antike hier nachweislich Wein an. Eines der besten Anbaugebiete lag im durch den Ausbruch des Vesuv verschütteten Pompeji.*

Corvina, Rondinella und Molinara sind Rebsorten, die im Veneto angebaut werden und dort beispielsweise für Bardolino, Valpolicella oder den berühmten Amarone Pate stehen.

In der Mitte Italiens, der Toskana und Umbrien, gibt es einen regelrechten Rebenstar: den Sangiovese. Aus ihm werden die wohl berühmtesten Weine Italiens gekeltert: Brunello di Montalcino, Vino Nobile di Montepulciano oder Chianti. Darüber hinaus experimentieren die Winzer in Italiens Mitte sehr erfolgreich mit den französischen Sorten Cabernet Sauvignon, Merlot, Cabernet Franc und auch Syrah.

PARIS
Gamay
Pinot Noir
Cabernet Franc
Pinot Noir
Pinot Meunier
Petit Verdot
Tannat
Cabernet Franc
Syrah
Merlot
Mourvèdre
Cinsault
Malbec
Grenache
Cabernet Sauvignon
Mencia
Mazuelo
Graciano
Garnacha
Merlot
Syrah
Cabernet Sauvignon
Tempranillo
MADRID
Bobal
Garnacha
Cencibel
Jaén Tinto
Monastrell
Tinta Barroca
Trincadeira Preta
Periquita
Touriga Nacional
Touriga Francesca
Tinta Roiz
Baga
LISSABON
Alicante Bouschet
Aragonez
Alfrocheiro

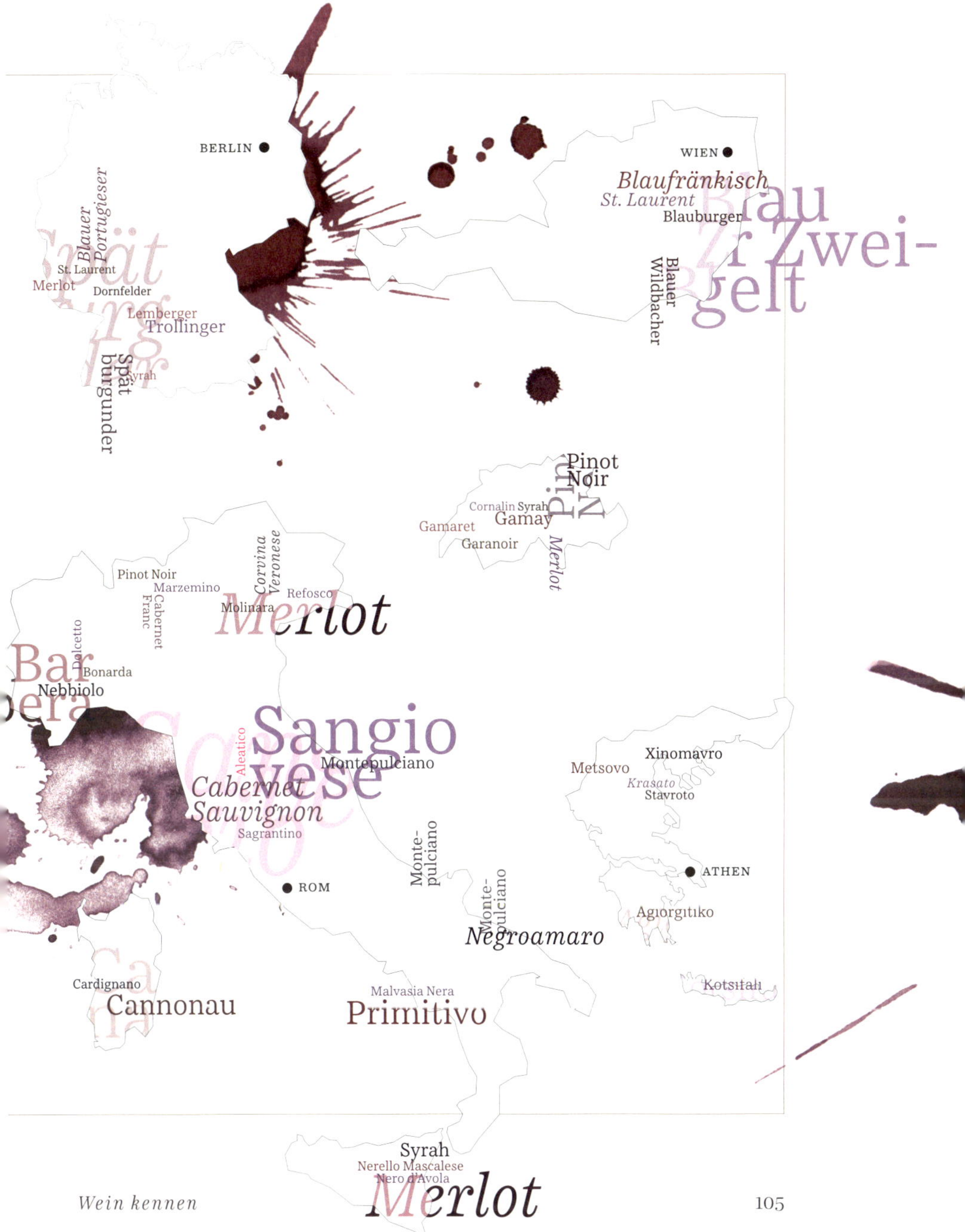
BERLIN
Blauer Portugieser
St. Laurent
Merlot
Dornfelder
Lemberger
Trollinger
Syrah
Spät burgunder
WIEN
Blaufränkisch
St. Laurent
Blauburger
Blauer Zweigelt
Blauer Wildbacher
Pinot Noir
Cornalin
Syrah
Gamaret
Gamay
Garanoir
Merlot
Pinot Noir
Marzemino
Cabernet Franc
Corvina Veronese
Refosco
Molinara
Merlot
Dolcetto
Barbera
Bonarda
Nebbiolo
Aleatico
Sangiovese
Montepulciano
Cabernet Sauvignon
Sagrantino
ROM
Monte-pulciano
Monte-pulciano
Negroamaro
Cardignano
Cannonau
Malvasia Nera
Primitivo
Xinomavro
Metsovo
Krasato
Stavroto
ATHEN
Agiorgitiko
Kotsifali
Syrah
Nerello Mascalese
Nero d'Avola
Merlot

Die DOC Maremma Toscana, die kontrollierte und geschützte Herkunftsbezeichnung für Weine aus der toskanischen Provinz Grosseto, ist ein Synonym für diese Versuche geworden.

Die nächste Scheibe Richtung Süden bringt uns dann schon in den Einflussbereich von Süditalien. Das Latium, die Abruzzen und auch Sardinien liegen in diesem Bereich. Im Latium mit seinem Zentrum Rom werden vornehmlich weiße Weine angebaut. Als Rotweine sind Aleatico, Bombino Nero und Canaiolo zu nennen, auch mit den Cabernet-Sorten und Merlot wird erfolgreich gearbeitet. In den Abruzzen profitieren die roten Sorten Barbera, Cabernet Franc, Cabernet Sauvignon, Ciliegiolo, Merlot und auch Sangiovese vom Klima. Sardinien kann mit dem Cannonau mit einer Spezialität aufwarten, die auf dem Festland als Grenache bekannt ist.

Die südlichste Scheibe Italiens mit den Regionen Kampanien, Apulien, der Basilicata, Kalabrien und Sizilien hat ihre eigenen Gesetzmäßigkeiten. Der wohl berühmteste Rotwein Kampaniens ist der Aglianico mit seinem wuchtigen, kraftvollen Charakter. Er spielt auch in der Basilicata eine Hauptrolle, wohin er in der Antike von den Griechen gebracht worden sein soll. Negroamaro nennt man die wohl bekannteste Rotweinsorte in Apulien. Sie liefert zwar intensive, jedoch trotz des heißen Klimas auch elegante Rotweine mit einem guten Reifepotenzial.

**Spanien** wiederum ist dreigeteilt. In Katalonien, im Nordosten Spaniens, finden sich unterschiedliche Rebsorten wie Garnacha Tinta, Garnacha Peluda, Cariñena (Mazuelo), aber auch Cabernet Sauvignon, Merlot, Pinot Noir und Syrah. Berühmt sind die Weinberge des Priorat, wo in Schiefersteillagen grandios konzentrierte und dichte Weine erzeugt werden. Das umliegende Anbaugebiet Montsant hat ebenfalls hervorragende Weine zu bieten. Das Penedes ist zwar vor allen Dingen für die Cava-Produktion berühmt, Weinpionier und Spitzenwinzer Miguel Torres hat die Region jedoch weit über die

Grenzen Spaniens hinaus durch seine erstklassigen Weine bekannt gemacht, wie zum Beispiel mit seinem reinrebsortigen und legendären Cabernet Sauvignon Mas La Plana.

Der Nordwesten wird im Rotweinbereich hauptsächlich von der Rebsorte Tempranillo geprägt. Ihr Name leitet sich vom spanischen Wort für „früh“ ab und deutet auf die frühe Reife hin. Die Rebsorte verfügt über ein hervorragendes Reifepotential und zeigt einen verschwenderischen Duft milder Gewürze, von Tabak, Leder und dunklen Beerenfrüchten. Über 200 000 Hektar Rebfläche sind mit Spaniens Nationalrebsorte par excellence bepflanzt, besonders in den prestigeträchtigen Regionen Rioja oder Ribera del Duero läuft sie zur Hochform auf. Doch auch andere Regionen des Nordwestens wie zum Beispiel Toro können mit erstklassigen und charaktervollen Weinen punkten. Rebsorten wie Monastrell, Garnacha und Tempranillo sind im mittleren Drittel Spaniens tonangebend. Weinbaugebiete wie Valdepenas, Jumilla und la Mancha basieren hauptsächlich auf diesen Sorten, ebenso die aufstrebende Region Yecla und die Ribera del Júcar, wo zum bekannten Rebsortenmix noch die autochthone Sorte Bobal hinzukommt. Das südlich Drittel Spaniens ist dann eher in Richtung von gespriteten Weinen wie Sherry oder Montilla-Moriles orientiert.

Spaniens Nachbar **Portugal** verfügt ebenfalls über eine Vielzahl von Rebsorten, die teils identisch mit den in Spanien angebauten Reben sind, teilweise aber auch einen autochthonen Hintergrund haben. Berühmt ist Portugal vor allen Dingen für Portweine. Doch daneben hat sich eine Bewegung für trockene Weine, insbesondere Rotweine, entwickelt, die auf hohem Niveau erzeugt werden. So ist die Herkunftsbezeichnung Douro für trockene Weine aus dem gleichnamigen Tal ein echter Qualitätsbegriff geworden. Diese Weine werden teils auf Basis von autochthonen Rebsorten ausgebaut, sind dicht, charakterstark und verfügen stets über eine elegante Ader.

Ein weiteres berühmtes Anbaugebiet ist das Alentejo. Das südlich von Lissabon gelegene Anbaugebiet hat Kultstatus erreicht und wird gerne als Portugals Kalifornien bezeichnet. Dies liegt zum einen am heißen, regenfreien Klima, in dem die Sommertemperaturen 40 Grad erreichen können, aber auch am intensiven und teils mächtigen Weinstil. Die Rebsorten heißen hier unter anderem Aragonez (Tempranillo), Alfrocheiro, Alicante Bouschet, Arinto, aber auch Cabernet Sauvignon wird angebaut. Ein weiteres bekanntes Gebiet ist Beiras im Norden Portugals. In dieser Region ist der Dão DOC berühmt. Die Rotweine dürfen nur aus den Rebsorten Alfrocheiro, Aragonez (Tempranillo), Jaen (Mencía), Rufete und Touriga Nacional gekeltert werden und müssen mindestens vier Jahre reifen. Bairrada ist ein weiterer berühmter Name in der Region – ein DOC-Anbaugebiet mit der Besonderheit, dass hier eine Rebsorte eindeutig dominiert, die Baga. Mindestens 50 Prozent der Cuvée müssen aus ihr gekeltert werden.

Im östlichen Mittelmeer hat **Griechenland** Erstaunliches zu bieten. Über 300 autochthone Rebsorten sind bislang ampelographisch erfasst, daneben werden auch moderne französische Rebsorten angebaut. Einen ersten Einblick in die Weinwelt Griechenlands können die Weinbaugebiete Naoussa und Nemea geben. Naoussa, in Makedonien gelegen, hat mit der Rebsorte Xinomavro einen autochthonen Star. Die Weine dieser Rebsorte haben entfernt Ähnlichkeit mit traditionellen Gewächsen aus Bordeaux. Ein weiterer Vertreter Hellas ist Nemea auf dem Peloponnes. Dort kann sich die einheimische Rebsorte Agiorgitiko entfalten. Die auch als Sankt-Georgs-Rebe bekannte Sorte liefert einen tiefdunklen Wein mit Anklängen von roten und schwarzen Johannisbeeren, Sauerkirschen und dezenten Würznoten, der im Volksmund auch als „Blut des Herkules“ bekannt ist. Ob das Blut des Herkules besser schmeckt als der Wein der Götter? Am Olymp liegt das Anbaugebiet Rapsani, wo aus Xinomavro mit Anteilen von Krassato und Stavroto ein vollmundiger Roter ausgebaut wird.

Doch sollten wir ob all diesen göttlichen Genusses nicht die Weine unserer Nachbarn vergessen. Nur so viel: Die **Schweiz** überrascht mit vielen Spezialitäten, vor allen Dingen im Wallis, der Region mit den meisten Sonnenscheinstunden der Schweiz. Ob alte Sorten wie Cornalin mit seinem feinwürzigen Charakter oder gar Humagne Rouge, ob internationale Sorten wie Pinot Noir oder Syrah. Das warme, vom Föhn geprägte Klima des Wallis lässt auch anspruchsvolle rote Trauben reifen. Wer einmal diese eigenständigen Weine verkostet, fühlt sich in eine Traumwelt entführt. Es sind Weine, die sich als Entdeckung lohnen. Selbst der Dôle, die Cuvée auf Basis der Rebsorte Gamay, kann hier im Wallis punkten. Die Ostschweiz ist nicht nur die Heimat von Heidi, sondern auch vom Blauburgunder, dem Pinot Noir der Schweiz. Viele renommierte Winzernamen lassen hier das Genießerherz höher schlagen, ebenso wie die Merlots aus dem Tessin, der Sonnenstube der Schweiz.

Und weiter geht es nach **Österreich**. Das Burgenland ist auch Rotweinland. Die beiden Rebsorten Blaufränkisch und Blauer Zweigelt sind hier ganz vorne mit dabei. Blaufränkisch besticht mit dichter Struktur, pfeffriger Würze und reifer Frucht, hat ein großes Reifepotenzial und spielt international in der Spitzenliga. Beim Blauen Zweigelt steht die frische Frucht im Vordergrund. Selbst wenn die Weine im Barrique ausgebaut wurden, sind Brombeer- und Johannisbeernoten immer deutlich zu spüren. Spitzenwinzer gibt es hier offenbar wie Sand am Meer. Sie sind in einigen hochwertigen Gruppierungen zusammengeschlossen, beispielsweise Pannobile, Pannonischer Reigen, Renommierte Weingüter Burgenland oder Blaufränkischland. Nicht, dass das Burgenland die einzige Rotweinhochburg in Österreich wäre. Die Thermenregion südlich von Wien punktet mit ausbalanciertem Sankt Laurent, Pinot Noir und selbst Merlot. Aus Carnuntum kommen einige hervorragende Rotwein-Cuvées. Es gibt viel zu entdecken bei unseren Nachbarn.

Weinnotizen

### Geschmack und Farbe sind zweierlei

*Hochwertiger Rotwein sollte eine möglichst dunkle rote Farbe haben. Die Verkaufserfolge tiefroter Gewächse scheinen dieses Vorurteil zu bestätigen. Auch in Verkostungen, bei denen zwei verschieden intensiv rote Weine zur Wahl standen, haben sich die Konsumenten häufiger für den Wein mit der dunkleren Farbe entschieden.*

*Zur Erinnerung: Die Farbpigmente stecken bei den meisten roten Rebsorten in der Traubenschale. Um diese herauszulösen, hat der Winzer zwei Möglichkeiten.*

*Zum einen die Maischegärung: Dazu werden die Trauben gequetscht und anschließend zusammen mit dem Traubensaft, dem Fruchtfleisch, der Traubenhaut und den Kernen vergoren. Dabei entstehen unter anderem Alkohol und eine höhere Temperatur. Zwei Faktoren, die aus den Traubenschalen Aromastoffe, Gerbstoffe und eben die Farbstoffe herauslösen. Je länger die Traubenschalen auf der Maische liegen, desto farbintensiver wird ein Wein.*

*Zum anderen die Thermovinifikation: Dabei wird die Maische erhitzt, die Farbstoffe werden dabei extrahiert.*

*Doch beiden Methoden sind Grenzen gesetzt. Es gibt Rebsorten wie Cabernet Sauvignon, Syrah oder Touriga Nacional, die sehr viele Farbpigmente in der Traubenschale eingelagert haben. Spätburgunder und Nebbiolo dagegen haben weniger Farbstoffe, sind aber deswegen nicht minder aromaintensiv.*

*Dunkelfarbene Weine kommen relativ häufig in südlichen und damit heißen Anbaugebieten vor. Dazu gehören beispielsweise südspanische oder süditalienische Weine.*

*Umgekehrt geht der Trend bei Rosé-Weinen zu immer helleren Farben. Je blassrosafarbener der Rosé, desto besser die Verkaufsaussichten. Viele Konsumenten scheinen zu denken, dass die helle Farbe ein Zeichen für Qualität sei, daher ließen sich mittlerweile in Frankreich dunklere Rosé-Weine kaum noch verkaufen, schrieb unlängst eine renommierte Tageszeitung.*

*Eine tiefrote Farbe ist also weder ein Zeichen für Tiefe noch Komplexität oder gar Qualität und Finesse eines Weins. Testen Sie es selbst: am besten mit einem schwarzen Glas, das in guten Weinfachhandlungen zu finden sein sollte. Das schwarze Glas blendet unsere optische Wahrnehmung aus und wir konzentrieren uns ganz auf Duft und Geschmack. Und so mancher der uns bereits bekannten Weine präsentiert sich in einem ganz anderen Licht.* ⟵«

## Ermitage: Geheimnis eines Weinbergs

### FLÜSSIGE KÖSTLICHKEITEN AUS DEM RHÔNETAL

Geheimnisvoll sind die Ursprünge des Ermitage-Weinbergs. Der griechische Geschichtsschreiber Strabon („der Schielende") berichtete bereits im Jahr 38 unserer Zeitrechnung von den rebenbewachsenen Hängen entlang der Rhône. Schon die antiken Römer kannten also die köstlichen Tropfen aus dem nördlichen Rhônetal und benannten diese nach der damals wichtigsten Stadt „Wein aus Vienne".

Im frühen Mittelalter wurden die Weine aus der kleinen Gemeinde Tain-l'Hermitage als Vins du Côteau de Saint-Christophe bekannt. Erst im 17. Jahrhundert setzte sich schließlich der Name Ermitage oder Hermitage durch.

Die Legende erzählt, dass ein Ritter namens Henry Gaspard de Stérimberg im 13. Jahrhundert von den Albigenser-Kreuzzügen zurückkehrte. 1224 erhielt er von Königin Blanca von Kastillien ein Stück Land, auf dem er sich eine Klause baute und einen Rebberg anlegte. Ob es nun die weisen Ratschläge des Eremiten waren oder die Qualität seines Weins, die Menschen sollen in Scharen zu ihm gepilgert sein. Der Weinberg wurde bald weltberühmt. Zahllos sind bis heute die Liebhaber der flüssigen Köstlichkeiten Ermitage, zu denen auch der Schriftsteller Alexandre Dumas und der russische Zar Nikolaus II. zählten.

Geheimnisvoll kann man auch die Ursprünge des Hauses Chapoutier nennen. 1808 wurde das Weingut von der Familie Calvet gegründet, die sich bald danach jedoch ganz auf ihr Geschäft in Bordeaux konzentrierte. Polydore Chapoutier erwarb 1855 das Weingut, war der Begründer dieser Familientradition und gleichzeitig auch der einzige Firmenchef, dessen Name nicht mit einem „M" begann, einer Tradition, die später sein Sohn Marius Chapoutier begründete. Heute ist das Haus Chapoutier eines der größten Weinunternehmen im Rhônetal und berühmt für seine Spitzenqualitäten. Es wurde in den späten 80er-Jahren von den Brüdern Michel und Marc Chapoutier übernommen. Skeptisch blickte die Weinwelt auf die Brüder, doch mit großem Elan und innovativen Ideen, die damals im Rhônetal einer Revolution gleichkamen, brachten sie die Weinqualität nach vorne. 1995 wurde ein Großteil der Weinberge auf biodynamischen Weinbau umgestellt. Sagenumwoben waren fortan auch die Etiketten, auf der sich ab diesem Zeitpunkt alle Angaben nicht nur in englischer Sprache aufgedruckt fanden, sondern die auch in Blindenschrift geprägt wurden. Bleibt nur die Frage, ob für die Franzosen die englische Sprache oder die Brailleschrift die größere Revolution darstellte.

Geheimnisvoll ist auch die Biodynamie. Was vor einem Vierteljahrhundert revolutionär wirkte, mag heute romantisch verklärt werden, beispielsweise das symbolträchtige Bild eines einsamen Pferdgespanns, das an einem nebelverhangenen Morgen seine Bahnen durch die Weinberge zieht. Was auf den ersten Blick eher ein Bild für Werbebroschüren scheint, ist für Michel Chapoutier ein wichtiges Mosaiksteinchen im Gesamtbild der Biodynamie. Ein Pferdgespann verdichtet den Boden bei Weitem nicht so stark wie ein schwerer Traktor, kann aber ebenso tief pflügen. Michel Chapoutier formuliert es in seinem Credo folgendermaßen: „den Boden leben und sich entfalten lassen".

*„Biodynamie ist, was wir immer schon gewusst haben", so definiert Manincor, das derzeit größte Weingut Südtirols, seine Arbeit für einen natürlichen Wein. Das knapp 400 Jahre alte Weingut setzt vollends auf naturnahes Wirtschaften in Weinberg und Obstplantagen.*

Wenn Chapoutier darüber spricht, dass die Verwandlung vom Mineralischen zum Pflanzlichen nicht außerhalb eines lebendigen Bodens funktionieren kann, der Leben weitergibt, hört sich das vielleicht esoterisch an. Doch ein lebendiger Boden ist noch immer Garant für herausragende Qualität. Dies beweisen seine Weine eindringlich. So legt Michel Chapoutier größten Wert auf die Selektion einzelner Parzellen. Jeder Weinberg hat durch sein Zusammenspiel von Boden, Exposition, Wasserhaushalt, Kleinklima und die jeweils gepflanzten Rebsorten seinen ureigenen Charakter. Mit Hilfe der Biodynamie arbeitet er aus jedem Boden einen ganz spezifischen Weintyp heraus. Weinbergsarbeiten werden im Gleichklang mit den Mondphasen durchgeführt, Nützlinge werden ebenso gefördert wie die Regenerationsfähigkeit und die Selbstheilungskräfte der Natur. Was im ersten Moment rätselhaft wirkt, ist nichts anderes als die konsequente und respektvolle Beobachtung als auch der Umgang mit der Natur. So entstehen Weine, die von Weinkritikern wie beispielsweise Robert Parker gerne mit Attributen wie „Essenz aus Granit" bezeichnet werden.

Das Geheimnis des 2010 Ermitage Le Pavillon ist leicht zu ergründen. Die kleine, nur knapp vier Hektar große Parzelle ist mit Reben bestockt, die zwischen 90 und 100 Jahren alt sind. Die besondere Zusammensetzung des Bodens, feine Sedimentschichten auf einem Unterboden von Granit, und das Alter der Reben ergeben naturgemäß kleine Erträge von aromatisch hoch konzentrierten Trauben der Rebsorte Syrah. Von Hand gelesen und schonend entrappt gärt die Maische in Betontanks. Der junge Wein wird anschließend in Barriques aus französischem Eichenholz ausgebaut, die zu einem Drittel neu sind.

*Rudolf Steiner, prägte den Begriff „biologisch-dynamischer Landbau". In der Praxis bedeutet dies den Verzicht auf chemisch-synthetische Pflanzenschutzmittel. Kühe und Esel dürfen im Winter in den Weinbergen weiden. Baumgruppen und Hecken lockern den Weinberg auf.*

Das Ergebnis ist ein tief purpurfarbener Tropfen mit violetten Reflexen und einem schwarzen Kern. Sein Duft ist dicht, zeigt Anklänge von dunklen Beerenfrüchten wie Brombeeren und schwarzen Johannisbeeren und von würziger Lakritze. Graphit und intensive Röstaromen sowie rauchige Noten im Hintergrund sind weitere Merkmale dieses Weins. Am Gaumen ist er kraftvoll, ohne dabei Eleganz vermissen zu lassen und zeichnet sich durch eine hervorragende Länge und Tiefe aus. Ein grandioser Tropfen, dessen Alterungspotenzial bei mehr als einem halben Jahrhundert liegen dürfte.

## Crus Classés de Graves

EINE REISE DURCH DAS WAHRE BORDEAUX

Urgewalten schufen dieses einmalige Terroir. Massige Gletscher formten einst diese Landschaft. Bevor sich die Gletscherzungen wieder im Meer verloren, ließen sie das mitgeführte Gestein zurück und damit die mächtigen Kiesböden, die so charakteristisch für die Graves sind.

Wo einst die Kräfte der Natur ungestüm eine ganze Region veränderten, stehen heute elegante Châteaux, mittelalterliche Burgen und große Landgüter. Die Hinterlassenschaft der einst gewaltigen Gletscher hat sich zu einem wahren Schatz entwickelt. Tief graben sich die Wurzeln von roten Rebsorten wie Cabernet Sauvignon, Cabernet Franc und Merlot in die Kiesböden. So können die Trauben die wertvollen Mineralstoffe aufnehmen, die unter der Erde schlummern und die eine hervorragende Grundlage für feine, elegante und charaktervolle Weine von Weltruhm sind.

Es ist kein Wunder, dass Bordeaux eine ungebrochene Faszination auf den Genießer ausübt. Die Natur ist verschwenderisch umgegangen mit ihren Gaben und das Gebiet der Graves, was übersetzt so viel wie Kies oder Kiesel bedeutet, wusste schon früh diesen Vorteil zu nutzen. Besonders die Weinberge im Norden der Region, in Pessac teilweise noch von einem Häusermeer umgeben und in Léognan dann wirklich im ländlichen Raum, bringen Erstaunliches hervor. Dies führte 1987 zur Gründung einer neuen Appellation d'Origine Contrôlée namens Pessac-Léognan, in der sich gleichzeitig auch alle Crus Classés de Graves befinden.

Die Region hat sowohl mit ihren klassifzierten Gewächsen als auch mit ihren weniger bekannten Gütern einen steilen Höhenflug hingelegt. Im hart umkämpften Markt der Top-Weine ist es dieser Appellation gelungen, einen absoluten Spitzenplatz zu erobern. Der Vorteil dieser flächenmäßig relativ überschaubaren Region ist ein sehr homogenes Qualitätsniveau, was sich zuletzt auch in den Jahrgängen 2015 und 2016 manifestierte. Dies liegt nicht nur an der erzeugten Weinmenge, die bekanntermaßen gering ist und sich daher mit einer enormen Nachfrage konfrontiert sieht. Es liegt auch am typischen Charakter. Die besten roten Gewächse zeichnen sich durch einen sehr feinen, unverkennbaren Duft aus, der in Spuren an Graphit, gelegentlich auch an einen frisch gespitzten Bleistift erinnert. Dabei ist nicht nur die Qualität und aromatische Ausdruckskraft ein Grund für die Faszination der Weine aus der Region, sondern auch die Geschichte ihrer Weingüter. Einige davon möchte ich hier kurz vorstellen.

Château Haut-Brion, das älteste Weingut der Region und Primus unter den Spitzengütern, wurde schon 1855 in die berühmte Klassifikation von Bordeaux als Premier Cru Classé aufgenommen. Die Geschichte reicht bis ins 15. Jahrhundert zurück und die Weine zeichnen sich durch eine Kombination von Eleganz und Nachhaltigkeit aus, die in der Weinwelt ihresgleichen sucht. Schon im 17. Jahrhundert wurden diese hoch eingeschätzt, sodass Château Haut-Brion das erste Weingut in Bordeaux war, das seine Weine unter dem Château-Namen vermarkten konnte. So berichtet der englische Schriftsteller und Präsident der Royal Society, Samuel Pepys, begeistert, dass er am 10. April 1663 in der Royal Oak Tavern in London einen „Ho Bryan" getrunken habe. Ein Wein, der einen Weingutsnamen trägt, das war zur damaligen Zeit revolutionär.

*1855, das Jahr der Weltausstellung in Paris, war das Geburtsjahr der Premier Cru Classé. Maßstab waren u. a. die über die letzten 100 Jahre erzielten Durchschnittspreise eines Weinguts.*

Fast ebenso geschichtsträchtig ist das Nachbarweingut Château La Mission Haut-Brion, das seit 1540 Reben anbaut. Es bringt Weine von Kraft und Dichte hervor, die sich zwar stilistisch vom noch berühmteren Nachbarn unterscheiden, qualitativ jedoch mit ihm auf Augenhöhe sind. Es gehört mittlerweile, wie auch Château Haut-Brion, zum Besitz von Prince Robert de Luxembourg.

Dass die Region lebendig ist und sich verändert, schlägt sich bei den Crus Classés de Graves nieder. Eines seiner Spitzengüter ist heute Geschichte: Château La Tour Haut-Brion. 2005 wurde auf dem Weingut, das über das gleiche Terroir wie sein Nachbar La Mission Haut-Brion verfügt, der letzte Wein mit eigenem Etikett gekeltert. Das Gut wurde im Jahr 2006 mit Château La Mission Haut-Brion zusammengeführt – ältere Jahrgänge werden also bald Raritätencharakter haben.

*Château Les Carmes Haut-Brion ist das einzige Weingut im Bordelais, das eine Adresse mit der Postleitzahl der Stadt Bordeaux besitzt: 33 000.*

Ebenfalls in Pessac gelegen ist Château Pape Clément. Dieses hatte einen legendären Vorbesitzer, denn es gehörte einst Bertrand de Got, der 1305 zum Papst gekrönt wurde und 1309 den Papstsitz nach Avignon verlegte. Ihm zu Ehren trägt das Weingut heute seinen Namen. Mit Bernard Magrez hat hier ein Qualitätsrevolutionär und Besitzer eines regelrechten Weinimperiums von 40 Weinbergen das Sagen. „Wein", so lautet sein Credo „erzeugt wie ein Gemälde Emotionen, das macht das Leben schöner!" Er sorgte dafür, dass das Château heute besichtigt werden kann und bietet Wein-Workshops an. Fünf luxuriöse Zimmer des Schlosses stehen für Übernachtungsgäste bereit. Die hauptsächlich roten Weine sind von verschwenderischer Frucht und einem opulenten Charakter mit feinen mineralischen Komponenten. Sie gehören zu den gesuchtesten Gewächsen der Graves.

Doch nicht nur die bereits genannten Crus Classés machen Furore. Château Les Carmes Haut-Brion keltert nicht nur hervorragende Weine, sondern verbindet auch Tradition mit Moderne. Das schöne Schlösschen erinnert an ein Landhaus aus dem 19. Jahrhundert, während das Kellergebäude eine atemberaubende Kreation des Designers Philippe Starck und des Architekten Luc Arsène-Henry ist. Zeitgemäßer kann man Wein kaum präsentieren.

Das südlich gelegene Léognan, der zweite Teil der Appellation Contrôlée, ist durch die Stadtautobahn von Pessac getrennt. Auch dort gibt es viel Spannendes zu entdecken. Château Olivier, einst Jagdschloss, auf dem auch der legendäre Eroberer von Bordeaux, der „Schwarze Prinz“ Edward of Woodstock, zu Gast gewesen sein soll, gehört seit dem 19. Jahrhundert der Familie de Bethmann, die ihre Wurzeln nach Frankfurt zurückverfolgen kann. Das vielversprechende Terroir, das in den 60er- bis 80er-Jahren nicht immer zur Geltung kam, ist heute wieder Mittelpunkt der Bordeaux-Philosophie, wobei die Weine große Finesse und typische Mineralität zeigen.

Will man eine Gemeinsamkeit der Châteaus des Bordeaux finden, dann ist es sicherlich ihre bewegte Vergangenheit und ihre über die Jahrhunderte erfolgreiche Weinbaukunst. Und so ranken sich auch um Château Carbonnieux zahlreiche Geschichten. Seit dem 12. Jahrhundert wurde hier erfolgreich Wein angebaut. Er überzeugte einst auch den späteren Präsidenten Thomas Jefferson. Die Benediktiner Mönche, die im 18. Jahrhundert die Weine kelterten, nannten ihre Weißweine aufgrund ihrer klaren Farbe auch „Mineralwasser von Carbonnieux“. So getarnt brachte selbst die aus Bordeaux stammende Lieblingsfrau des türkischen Großwesirs im Harem diesen Wein auf den Tisch. Die Weißweine des Châteaus sind heute noch Weltklasse und zeigen feine Noten von Zitrusfrüchten und Buchsbaum sowie eine feine Säure. Doch auch die Rotweine haben Format und überzeugen mit feiner Frucht und dichter Struktur.

Noch ein Nachbar schrieb in dieser Region Weingeschichte: Im Château Haut-Bailly, deren Rebflächen am Ufer der Garonne liegen, waltet heute Véronique Sanders. Inmitten der ausladenden Weinberge keltert sie auf dem herrschaftlichen Château ausschließlich Rotweine und verbindet gekonnt Innovation und Tradition, Finesse und Komplexität. Der ausgezeichnete Ruf und das Prestige dieser Weine geben ihr recht.

Auch Château Bouscaut ist einer der Großen aus dem Pessac-Léognan und genießt bereits seit dem 17. Jahrhundert einen hervorragenden Ruf. Die Rotweine werden aus Merlot und Cabernet Sauvignon gekeltert und haben einen kraftvollen Charakter, der viel Frucht zeigt.

Château Latour Martillac verdankt seinen Namen einem Turm aus dem 12. Jahrhundert, der von den Vorfahren Montesquieus erbaut wurde. 1953 als Grand Cru Classé klassifiziert, wird es heute als Familienweingut der Familie Kressmann in vierter Generation geführt. Sein Wein wurde berühmt, da er als Krönungswein von König George VI. von England kredenzt wurde. Heute schmeicheln seine im Fass ausgebauten Rotweine mit Kraft und Frucht aufs Angenehmste dem Gaumen.

Der Duft des Abenteuers umweht ein anderes Weingut: Château Malartic Lagravière. Es hat eine geradezu seemännische Vergangenheit. Nicht nur wurde das Château im 18. Jahrhundert von der Reederfamilie Lagravière gegründet. 1803 erwarb es die Famile des Grafen Hippolyte de Maurès de Malartic, Admiral in den Diensten der französischen Könige. Heute führt die Familie Bonnie das Anwesen. Sie hat es von Grund auf renoviert und den Weinen ihren Ehrenplatz unter den Spitzengewächsen zurückgegeben. Die hier produzierten Rotweine zeigen eine feine mineralische Note, Anflüge von Graphit und eine in der Reife überbordende Frucht.

*Admiral Hippolyte de Maurès de Malartic kämpfte während des siebenjährigen Krieges 1756 in den amerikanischen Kolonien gegen die Vorherrschaft der Engländer und erwarb sich Verdienste in der Schlacht von Québec. Der Dreimaster auf dem Flaschenetikett erinnert daran.*

Viel Verdienst um die Region haben sich auch Daniel und Florence Cathiard erworben. Die beiden exzellenten Skifahrer und Olympioniken lernten sich in der französischen Ski-Nationalmannschaft kennen. Beide liebten nicht nur Bordeaux-Weine, sondern auch den Sport. Als es sich nach Jahren harter Arbeit einer selbst aufgebauten Sport- und Supermarktkette und einer Marketingagentur ergab, machten sie ihre Leidenschaft zum Beruf und erwarben 1990 das traditionsreiche Weingut Château Smith Haut Lafitte. Mit dem Geld aus dem Verkauf all ihrer bisherigen Unternehmen, Enthusiasmus und Flair polierten sie die Reputation ihres alten Weinguts durch umfangreiche Modernisierungsmaßnahmen in Weinberg, Keller und Château wieder auf. Ihre Philosophie: Mit allen Kräften und Möglichkeiten die Einzigartigkeit des Terroirs ausschöpfen, damit sich diese in jedem Jahrgang aufs Neue widerspiegelt.

Ein Ausnahmeweingut ist die Domaine de Chevalier von Olivier Bernard. Dies jedoch nicht, weil das Château im Namen fehlt. Vielmehr verfügen die Weine über ein hervorragendes Alterungspotenzial, was bereits im 19. Jahrhundert lobend anerkannt wurde. Schon damals galt das Schloss als einer der größten Namen in der Appellation. Die reifen, teilweise bis zu 50 Jahre alten Jahrgänge, zählen zum Feinsten, was die Region zu bieten hat. Leider auch zum Rarsten. Nur optimal gereifte Trauben werden geerntet, was den Ertrag mindert, aber eine besondere Qualität hervorbringt.

Einst im Besitz einer der ältesten französischen Adelsfamilien, La Rochefoucauld, ist Château de Fieuzal eines der kleineren Cru Classés in den Graves. 1959 wurde man auf die erstklassigen Rotweine aufmerksam. Respekt vor dem Terroir und der Frucht, dazu eine schonende und vorsichtige Vinifikation ergeben delikate und feine Rotweine mit dezentem Holzton.

Wo im Mittelalter der Weinbau von Bordeaux begründet wurde, findet man heute moderne, charaktervolle und vielfältige Weintypen, die nicht immer eine Klassifikation benötigen, um Freude zu bereiten und einen Hauch Luxus in den Alltag zu zaubern. Clos Marsalette heißt beispielsweise das gemeinschaftliche Eigentum von Stephan Graf von Neipperg und Didier Miqueus, die einen wunderbaren klaren, feinen, kraftvoll-eleganten Rotweintypus keltern. Château Brown hat einen kraftvoll aromatischen Charakter während Château le Pape, das zu Château Haut-Bailly gehört, mit einem sehr feingliedrigen aber aromatisch nachhaltigen Charakter zu überzeugen weiß. Wer will, kann das Château le Pape zum Ausgangspunkt seiner Reise durch das Bordeaux machen, denn es bietet die Möglichkeit, hier stilvoll zu residieren. Eines ist aber sicher: Die Region, die einst Bordeaux berühmt gemacht hat, bietet noch heute wunderbare Entdeckungen – für den Gaumen und das Auge.

## Primeur ist nicht gleich Primeur

### DIE FRÜHE VERKOSTUNG

Französisch ist nicht umsonst die Sprache der Diplomatie, haben manche französische Worte doch zahlreiche Bedeutungen und lassen so einen großen Spielraum der Interpretation zu. Die wunderbare Weinwelt ist davon nicht ausgenommen und so kann es gelegentlich zu solch einer kniffligen Situation kommen, wie ich sie erst vor Kurzem erlebt habe.

Der Anlass war hochkarätig, die Weine großartig, die Gästeschar sehr aufgeschlossen für die Geheimnisse des Weins. Eine freudige Erwartung lag in der Luft, einige erstklassige Entdeckungen machen zu können. Doch als ich anfing zu berichten, dass ich im April eine Woche lang Primeur-Weine verkostet hatte, trafen mich Blicke, die Entsetzen, Mitleid oder pures Unverständnis signalisierten. „Dass es diesen Wein noch gibt!“, war einer der netteren Kommentare, ebenso die mitleidige Frage: „Wie kann man sich mit diesem Rotwein eine ganze Woche lang abgeben?“ „Dass Sie sich als Weinexperte mit solche Gewächsen befassen“, so schien mir so mancher Blick zu sagen. Ein klassisches Missverständnis, denn während ich bei den Primeurs an die jungen Spitzenweine des Bordeaux dachte, beispielsweise die Châteaux Mouton-Rothschild, Margaux, Lafite-Rotschild, Haut-Brion und viele mehr, meinten die Teilnehmer des denkwürdigen Dinners, ich hätte eine Woche lang Beaujolais Primeur probiert.

„Vin primeur“ lautet der französische Begriff für Jungwein, seine Verwendung ist jedoch regional höchst unterschiedlich. Nicht nur von der Landschaft und den Rebsorten liegen in diesem Fall Welten zwischen dem Süden des Burgunds und dem Bordeaux.

Was versteht man unter einem Beaujolais Primeur? Alles begann im Jahr 1951, als sich die Winzer des Beaujolais eine Ausnahmegenehmigung sicherten, um ihren Rotwein als erste in Frankreich schon im Jahr seiner Herstellung verkaufen zu können. Anfangs fand der offizielle Verkauf am 15. Dezember statt, wurde später auf den 15. November vorverlegt und seit dem Jahr 1985 ist der dritte Donnerstag im November das unumstößliche Datum für den Verkauf dieses Weins. Zu Beginn waren es ein paar englische Snobs, die mit ihrem privaten Flugzeug nach Burgund flogen, um das Neueste des Neuen zu genießen. Und wie so oft im Leben entwickelte sich aus diesem Upperclass-Zeitvertreib ein regelrechter Kult. Die Welt verlangte nach dem einfachen, aber eben frühen Tropfen und es gab regelrechte Wettbewerbe, wer in London, New York oder Tokyo den Wein als Erster anbieten konnte.

Führend auf dem Gebiet des Beaujolais Primeur war der Winzer Georges Duboeuf, der bereits 1953 die Weine auf diese Art und Weise vermarktete. Eine Sekunde nach Mitternacht brachen die Lastwagen der verschiedenen Weinhäuser des Beaujolais auf und lieferten sich eine regelrechte Rally, um als erste den Jungspund auszuliefern. Im Gegensatz zur klassischen Kohlensäuremaischung wurde so mancher Kunstgriff angewandt, um den Rotwein möglichst schnell abfüllen zu können. Das Ergebnis war ein intensiv aromatischer, fruchtbetonter Wein mit kraftvoll violetter Farbe, jedoch ohne Reifepotenzial.

Beaujolais wurde durch diesen Wein zwar weltberühmt, allerdings hat sich die Region damit auch den zweifelhaften Ruf erworben, nur einfache und schnell reifende Weine zu erzeugen. Der Ruf nach diesen unkomplizierten jugendlichen Tropfen war so groß, dass im

Jahr 2002 der Anteil des Beaujolais Primeur mehr als die Hälfte der gesamten Weinproduktion der Region ausmachte. Inzwischen hat der Beaujolais Primeur stark an Bedeutung eingebüßt. In-Getränke wechseln eben.

„Primeurs" haben heute hingegen eine ganz andere Bedeutung. Alljährlich zu Beginn des Monats April pilgern einige Hundert Journalisten und mehr als 5000 Weinprofis nach Bordeaux zu den legendären Primeur-Verkostungen. Auch hier geht es um die Jungweine, allerdings sind es Gewächse des vorangegangenen Herbstes. Sie haben in aller Ruhe ihre alkoholische Gärung, die aroma- und farbstoffauslösende Mazeration und die sogenannte malolaktische Gärung abgeschlossen, also die sekundäre Gärung, die als Folge den Abbau der aggressiven Apfelsäure mit sich bringt. Die Weine reifen in der Regel schon seit einigen Monaten in den kleinen, 225 Liter fassenden Holzfässern, die als Barrique weltberühmt wurden.

*Die Subskription für einen Wein meint die verpflichtende Vorbestellung für einen Jahrgang. Gelegentlich sogar schon im Weinberg in der Erwartung der Lese getätigt, ist der Preis für einen derart früh georderten Wein deutlich geringer als nach der Abfüllung.*

Primeur-Verkostungen sind harte Arbeit, denn es geht um die Einschätzung des neuen Jahrgangs. Sind die Aromen, Gerbstoffe, Säure und der Alkohol ausgewogen, zeigen die Weine auffällige Ecken und Kanten? Welches Entwicklungspotenzial lassen die verschiedenen Muster erkennen? Schwenkend und schlürfend kosten sich die Profis durch einige Hundert Weine, besuchen die berühmten Châteaux und machen sich ein Bild, das wenige Wochen später entscheidend für den Verkauf des Jahrgangs sein wird.

Dann finden die Primeur-Verkäufe statt, ein Subskriptionskauf von Weinen, die erst zwei Jahre später auf den Markt kommen werden. Wer hier im wahrsten Sinne des Wortes den richtigen Riecher hat, kann einen zukünftigen Superstar entdecken, der zunächst in der Subskription noch erschwinglich sein mag, später aber immer wertvoller wird.

## Die Neue Welt

### WEINE, TRAUBEN, WINZER

Egal wohin die Europäer bei ihren Entdeckungs- und Eroberungsfahrten auch kamen, immer hatten sie Rebstecklinge im Gepäck. So wurde der Weinbau auf Basis der europäischen Edelreben weltweit verbreitet. Die Wiege des Weins aus der Neuen Welt liegt auf 2000 Höhenmetern auf einem Hochplateau im Umland von Mexiko City. Der spanische Eroberer Hernán Cortéz (1485-1547) ließ dort vermutlich um 1522 die ersten Reben anpflanzen. Rund 20 Jahre später, 1540, gibt es den ersten dokumentierten Anbau der Misión-Traube, die auch Listán Prieto genannt wurde. Franziskanermönche brachten sie aus einem ganz einfachen Grund mit in ihre Missionsstationen: Zur Messfeier benötigten sie Messwein. Was heute kurzerhand als „Neue Welt“ bezeichnet wird – der amerikanische Kontinent, Australien, Neuseeland und Südafrika – hat den Weinbau also letztlich den Conquistadores, den Eroberern, und den in ihrem Gefolge reisenden Missionaren zu verdanken.

Nur wenige Rebsorten haben sich in der Neuen Welt mit ihrem gänzlich anderen Klima erfolgreich durchgesetzt. Zu ihnen gehören Cabernet Sauvignon und Cabernet Franc, Merlot, Syrah, Pinot Noir, Malbec, Tannat – alles französische Edelreben. In der Abstammung europäisch, mussten sich die Trauben in ihrer neuen Umgebung beweisen. Wer jetzt denkt, dass alle Weine der Neuen Welt gleich schmecken, irrt. Jede importierte Rebsorte eroberte sich ihr eigenes Territorium. In manchen Regionen wurde sie berühmt, in anderen Weltteilen konnte sie nie so richtig Fuß fassen. Blicken wir also in einige mehr oder weniger abgelegene Ecken unserer Welt und sehen, ob wir die eine oder andere Entdeckung machen können.

Beginnen wir mit unserer Weltreise in Sachen Wein in Lateinamerika. Dort legte die Missionstraube den Grundstein für die südamerikanische Weinkultur. Heute gibt es nur wenige Weinberge, in denen die País, alias Missionstraube, noch angebaut wird. Mexiko als Wiege des südamerikanischen Weinbaus konnte sich keinen festen Platz unter den Weinbauländern sichern. Chile und Argentinien haben ihm den Rang abgelaufen.

In Chile eroberte sich die Carmenère einen festen Platz unter den Reben. Die Rebsorte wird Ende des 18. Jahrhunderts im französischen Bergerac in der Dordogne erstmals schriftlich erwähnt. Sie war zu dieser Zeit auch im Bordeaux geschätzt, da ihr nach Schokolade, Pfeffer, Leder und Tabak duftender Wein häufig mit Cabernet und Merlot in einer Cuvée kombiniert wurde. So fand sie ihren Weg auch nach Chile. Mit der Reblauskatastrophe verschwand die Rebsorte aus Bordeaux, doch im fernen Chile überlebte sie. Noch heute kann man dort wurzelechte Reben finden. Allerdings wurde sie in Chile häufig mit Merlot verwechselt. Der französische Wissenschaftler Jean-Michel Boursiquot trat 1994 den DNA-Beweis an. 1996 wurde die erste pure Carmenère vom Weingut Carmen im Colchagua-Tal ausgebaut. Noch heute bietet das Weingut eine reine Carmenère als Grand Reserva an. Ein anderes empfehlenswertes Beispiel für den chilenischen Weinbau lässt sich vom Weingut Viña Errázuriz verkosten, die Carmenère Max Reserva. In Chile hat die Carmènere eine ganz eigene Aromatik entwickelt, die neben den würzigen Noten auch deutliche Anklänge von dunklen Beerenfrüchten und schwarzen Johannisbeeren zeigt.

Eine Rebsorte aus Südwestfrankreich machte im Nachbarland Argentinien Furore: die Malbec-Traube. Sie wurde Mitte des 19. Jahrhunderts vom französische Agronom Michel Aimé Pouget (1821-1875) in Argentinien eingeführt, wo sie heute über 30 000 Hektar Rebfläche einnimmt. In Mendoza fand die frostempfindliche Rebe, die in ihrer Heimat gerne verrieselt, absolute Traumbedingungen vor. Die Weine aus Mendoza sind, wie das Beispiel des Malbec von Terrazas de los Andes zeigt, sehr farbintensiv. Sie glänzen mit üppigen Aromen von

Brombeeren, Pflaumen, Schwarzkirschen, milden Gewürzen, Bitterschokolade und Anklängen von kubanischen Zigarren und Zedernholz. Diese Aromenfülle bietet Malbec in Bordeaux sehr selten, ihre Bedeutung hat deshalb stark nachgelassen. Nur in Cahors, wo die Rebsorte vermutlich ihren Ursprung hat, ist sie heute von Relevanz. Dort wird sie Côt genannt.

In Nordamerika ist Kalifornien das Mutterland des Weinbaus. Stolz nennt sich der US-Bundesstaat auch „Wine State“. 1769 soll der Franziskanermönch Junípero Serra (1713-1784) bei der Gründung der Mission San Diego in Kalifornien den ersten Weinberg angelegt haben. Die ersten europäischen Edelreben brachte wohl der Franzose Jean-Louis Vignes (1780-1862) nach Los Angeles. Den Durchbruch verdankt der Wein in Kalifornien aber einem Ungarn: Agoston Haraszthy (1812-1869) gründete um 1860 in Sonoma die Buena Vista Winery und führte europäische Rebsorten ein. Auch die Preußen mischten in der neuen Weinwelt mit. Charles Krug (1825-1892) gründete 1861 in St. Helena im Napa Valley die Charles Krug Winery und bildete junge Winzer aus. Die Anfänge waren Erfolg versprechend, doch die Prohibition führte zum Niedergang des Weinbaus. Es sollte bis in die 1960er-Jahre dauern, bis drei Männer dem kalifornischen Weinbau zu neuem Glanz verhalfen: Robert Mondavi (1913-2008), Joe Heitz (1919-2000) und André Tchelistcheff (1901-1994). Die beiden Erstgenannten wussten, dass der Weinbau nur mit erstklassiger Qualität überleben kann. Der Dritte im Bunde beriet die beiden im önologischen Breich. Heute ist Kalifornien qualitativ und preislich ganz vorne mit dabei. Egal ob Robert Mondavis Cabernet Sauvignon Private Reserve, die Weine von Screaming Eagle oder Opus One – die Kultweine Kalforniens haben französische Wurzeln.

Ebenfalls französischen Ursprungs ist eine Rebe, die zum Synonym australischer Weine schlechthin wurde: Shiraz. James Busby brachte die Rebe 1833 nach Australien, wo aus der französischen Syrah die anglisierte Shiraz wurde. Heute wird sie auf weit über 40 000 Hektar Rebfläche in den verschiedensten Weinregionen Australiens angebaut. Ihr opulenter Charakter mit Aromen, die an Schwarzkirschen, Brombeeren, Pflaumen und Bitterschokolade erinnern und feine Röstaromen aufweist, macht die Rebsorte nahezu unverwechselbar.

Unweit von Australien, zumindest auf der Landkarte, liegt Neuseeland. Auch dort war John Busby tätig. Neuseeland ist heute zwar vor allem für seine Weißweine berühmt, ist aber auch Heimat einiger der feinsten Pinot Noirs. Sie haben einen Charakter, der die Frische Burgunds mit der Reife der Neuen Welt verbindet. Diese Weine zeigen die typischen Kirsch- und Schokoladenaromen, stets in Kombination mit einer feinen Säure und reifen Tanninen.

Last but not least auf dieser Reise durch die Weinwelt sei Südafrika erwähnt. Der Holländer Jan van Riebeeck gründete 1652 Kapstadt und legte 1655 am Fuß des Tafelbergs einen ersten Weinberg an. Der Jahrgang 1659 brachte die erste Ernte. Es waren gerade einmal 15 Liter Muskateller. Seither hat sich viel geändert. Heute ist Cabernet Sauvignon die am häufigsten angebaute Rebsorte Südafrikas, gefolgt von Syrah, Merlot und Pinotage. Die letztere ist eine eigene Züchtung aus Südafrika aus den europäischen Reben Cinsaut und Pinot Noir. Die Kreuzung erfolgte 1924 durch Professor Abraham Isak Perold (1880-1941) an der Universität in Stellenbosch. Damit hatte Südafrika eine eigenständige Rebsorte entwickelt, die einen unverwechselbaren Charakter aufweist. Ihr Aroma wird von intensiven roten Beerenfruchtaromen, Anklängen von Pflaumen sowie einer feinen „Petrolnote" geprägt. Am Gaumen sind die Tannine reif, samtig und kraftvoll. Ein Prototyp des Pinotages bietet das Weingut Kanonkop auch noch in reiferen Jahrgängen.

Damit endet meine Reise durch die Neue Welt. Wer sich langsam an die Weinregionen herantasten will, dem empfehle ich, sich zunächst einmal mit dem typischen Geschmack der Hauptreben des jeweiligen Landes vertraut zu machen. Die vielfach in dritter oder vierter Generation weiter geführten Weingüter der Gründer sind Garanten für die kontinuierliche Suche nach Qualität.

## Von Rebellen und schwarzen Schafen

### FÜNF KULTWEINE UND IHRE KLEINEN GESCHWISTER

Heute ist es für uns selbstverständlich, dass tiefgründige Weißweine und komplexe Rotweine selbst in Deutschland im Barrique, dem kleinen französischen Eichenfass, ausgebaut werden können. Die feinen Röstaromen mit Anklängen von dunkler Schokolade und frisch gemahlenen Kaffeenoten, von Vanille und milden Gewürzen gehören längst zum Repertoire der Weinbeschreibung bei Spätburgunder, Lemberger und Co. Der Begriff „im Barrique gereift“ ist heute eine gesuchte Aussage auf dem Etikett. Doch dem war nicht immer so.

Lange Zeit war in Deutschland der Gebrauch von neuen Barriques verpönt. Die Aromen, die durch das Eichenholz den Wein prägten, galten als Fehlton. Der sogenannte „Loheton“ führte zur Ablehnung der Weine in den Qualitätsweinprüfungen. In Frankreich wiederum galten der Ausbau im kleinen Holzfass und die damit verbundene, besondere Aromatik der Weine als wertvolle Tradition. Diese ungleiche Behandlung rief einige innovative Winzer auf den Plan.

Ein Mann der ersten Stunde war Franz Keller. Der Inhaber des Michelin-besternten Gasthofs Schwarzer Adler und des gleichnamigen Weinguts im südbadischen Oberbergen hatte schon früh die Liebe zu französischen Gewächsen entdeckt. 1945 wurde er als junger Oberfähnrich beim Rückzug durch Ostpreußen auf einem Gut einquartiert, dessen Besitzerin einen 1928er Château Lafite-Rothschild servierte. Für den Gastronomen war dies ein prägendes Erlebnis.

Fortan importierte er nicht nur besondere Kreszenzen aus Frankreich, sondern perfektionierte seine eigenen Weine. Der „Rebell vom Kaiserstuhl“, wie ihn die Presse nannte, kämpfte in den 70er- und 80er-Jahren gegen die Süßung von Weinen und zu hohe Erträge. Er zog gegen eine falsche Rebsortenpolitik ebenso ins Feld, wie gegen eine übermäßige Reglementierung. Parallel experimentierte er mit dem „französischen“ Ausbau im Barrique. Es entstanden beispielhafte Weine, wie die beiden Spätburgunder „S“ und „A“. Mit ihrem ausgeprägten Barrique-Charakter hätten sie allerdings die damalige Qualitätsweinprüfung kaum bestanden und wurden daher als „einfache“ Tafelweine auf den Markt gebracht.

Damit waren alle Konventionen gebrochen und vermutlich haben sich die Weinbaufunktionäre ziemlich geärgert, dass zwei der besten Weine Badens schlichte Tafelweine waren. Im Jahr 1996 war es dann soweit: In Deutschland durften Weine nun auch die Bezeichnung „im Barrique gereift“ tragen. Aus dem vermeintlichen Fehlton wurde eine Qualitätsauszeichnung. Die beiden Spätburgunder „A“ und „S“ werden immer noch gekeltert. Heute übernimmt diese Aufgabe Fritz Keller, der jüngste Sohn des Gastronomen und Winzers, der gekonnt den typischen Charakter der Weine mit ihren feinen Aromen herausarbeitet, die an Sauerkirschen, Himbeeren und Brombeeren, milde Gewürze, dunkle Schokolade und feine Röstaromen erinnern. Dabei entstehen sehr langsam reifende Tropfen mit großem Entwicklungspotential. Wer nicht mehrere Jahre auf die perfekte Reife eines „S“ oder „A“ warten will, sollte sich einige Flaschen Spätburgunder Franz Anton sichern. Mit weniger neuem Holz ausgebaut, ist er früher trinkreif und eine Empfehlung, die auch für ein kleineres Budget erschwinglich ist.

Der Tafelwein-Trick musste auch von Marchese Mario Incisa della Rocchetta auf seiner Tenuta San Guido angewendet werden, denn zunächst war sein legendärer Sassicaia gar nicht für den Verkauf geplant. Da aufgrund des Krieges die edlen Weine aus Bordeaux kaum mehr erhältlich waren, pflanzte der Gutsherr im Jahr 1944 unterhalb der Burg Castiglioncello kurzerhand die Bordelaiser Rebsorten Cabernet Sauvignon und Cabernet Franc an. Der karge Boden voller Steine, auf Italienisch „Sassi“, gab dem Wein folgerichtig auch seinen Namen: Sassicaia.

Der Marchese war mit dem Wein für sein Privatvergnügen absolut zufrieden. Doch die nächste Generation, sein Sohn Nicolò und sein Neffe, Marchese Piero Antinori, überzeugten ihn, den Wein auf den Markt zu bringen. Wie aber sollte der Wein verkauft werden, der aus „illegalen“ französischen Rebsorten vinifiziert wurde? Der Sassicaia wurde kurzerhand als Tafelwein angeboten. Damit wurde er zum Urvater der sogenannten „Supertuscans“, der Spitzenweine aus der Toskana, die aus französischen Rebsorten gekeltert wurden, die der Gesetzgeber für die DOC, die Denominazione di Origine Controllata, nicht erlaubte. Zu Beginn der 70er-Jahre kam der Wein mit dem Jahrgang 1968 erstmals auf den Markt und wurde weltberühmt, als Robert Parker den 1985er mit den begehrten 100 Punkten bedachte – als ersten italienischen Wein überhaupt. Die beharrliche Arbeit wurde von großem Erfolg gekrönt, als 1994 in der DOC Bolgheri auch ein Rosso zugelassen wurde. Für den Sassicaia aber, den Primus inter pares, wurde gar der Unterbereich Bolgheri Sassicaia geschaffen. So ist dieser Kultwein das einzige Gewächs Italiens mit einer eigenen DOC.

*Neben Sassicaia gelten zwei weitere Weine, die auf die Silbe „aia“ enden, als Supertuscans: Solaia und Ornellaia. Weitere Supertoskaner: Guado al Tasso oder Masseto.*

Gesucht, rar und teuer ist der Sassicaia sicherlich, doch bietet die Tenuta San Guido mit ihrer Cuvée Guidalberto, die zu 60 Prozent aus Cabernet Sauvignon und zu 40 Prozent aus Merlot besteht, einen wunderbaren Zweitwein an, der als Toscana IGT eingestuft ist. Er zeigt die feinen Beerenfruchtnoten und die elegante Holzwürze, die man auch beim Sassicaia finden kann, allerdings etwas verhaltener ausgeprägt. Einen ganz anderen Weg ging Ende der 80er-Jahre ein junger Franzose. Jean-Luc Thunévin stammt aus einer Familie, die keinen weinbaulichen Hintergrund hat. Er selbst arbeitete zunächst als Bankangestellter des Crédit Agricole, an Wochenenden auch als Disc-Jockey und kam so in ersten Kontakt mit Winzern und Wein. Da er auch Angestellte des Hauses Moueix betreute, bekam er einmal eine Flasche 1955 Château Pétrus geschenkt, den Geburtsjahrgang seiner Frau Murielle. Noch heute berichtet er begeistert von der „Entdeckung eines Wunders“, das ihm den Unterschied zwischen „richtigen Weinen“ und „regulären Weinen“ näherbrachte.

Der nächste Schritt in Richtung Wein erfolgte 1985, als er seinen sicheren Bankjob aufgab und ein Restaurant mit Weinbar in Saint-Émilion eröffnete, das „Restaurant le Tertre“. Der Kontakt mit Weingrößen wie Alain Vauthier, Besitzer von Château Ausone und Michel Rolland, dem legendären Önologen, brachte ihn langsam in Richtung eines eigenen Weinguts. 1989 erwarb er kurz nach der Weinlese eine 0,6 Hektar große Parzelle namens „Fongaban“, zwischen den Châteaux Pavie Macquin und La Clotte gelegen. Im Jahrgang 1990 hatte er nun zwar Weinberge, aber kein Geld mehr für Equipment. Daher verkaufte er die Trauben an die Winzergenossenschaft. 1991 konnte Jean-Luc eine zweite, 1,2 Hektar große Parzelle namens „La Grézolle“ erwerben. Doch die großen Frostschäden des Frühjahrs 1991 ergaben lediglich 1280 Flaschen, die abgefüllt und verkauft wurden.

Nach der Ernte stand das Weingut, dessen Namen aus „Val“, dem französischen Begriff für „Tal“, und dem Namen von Murielles Familie, Andraud, zusammengesetzt war, mit dem Rücken zur Wand. Geld war Mangelware und der junge Winzer musste phantasievoll agieren und häufig aus der Not eine Tugend machen. Mangels Gerätschaft wurde im Weinberg und Keller von Hand gearbeitet. Da das Umpumpen des gärenden Mostes teuer war, setzte er auf das Untertauchen des Tresterhuts, die in Burgund übliche „Pigeage“. Qualität war allerdings stets das oberste Gebot, da kannte er keine

Kompromisse. Mit diesen Methoden reihte er sich in die Phalanx der gerade entstehenden Garagen-Weingüter ein, die einen kraftvollen Weinstil entwickelten.

Jean-Luc Thunévin entstammte ganz im Gegensatz zu anderen Garagenwinzern nicht aus einer renommierten Winzerfamilie. So musste er lauter als die anderen die Trommel rühren, um Aufmerksamkeit zu erregen. Und es ist ihm gelungen. Da er um die Qualität seiner Weine wusste, verlangte er selbstbewusst Preise, die denen der berühmten Premier Cru Classés entsprachen. Zur Überraschung der etablierten Bordelaiser Weinwelt bekam er sie auch. So wurde er zum „Bad Boy", zum schwarzen Schaf von Saint-Emilion. Doch die Konsequenz seines Handelns hat sich ausgezahlt. Während man für den 1992er Jahrgang noch 20 Euro pro Flasche bezahlte, immerhin derselbe Preis wie Château Cheval-Blanc, durchbrach er mit dem Jahrgang 1999 die 100-Euro-Schallmauer. Jeder verdiente Euro wurde reinvestiert, neue Weinbergsflächen gekauft oder gepachtet. 1999 kaufte er das Château Bel Air Ouÿ in Saint-Étienne-de-Lisse und vom Jahrgang 2000 an stammten die Trauben für Château Valandraud größtenteils aus diesen Weinbergen.

*Anders als es der Name vielleicht vermuten lässt, sind sogenannte Garagenweine alles andere als dilettantisch. Auf den Punkt gebracht: Kleine Weingüter, geringe Erträge, der Einsatz von Barriquefässern und höchste Qualitätsansprüche ergeben vollendete Weine.*

Heute umfasst Château Valandraud 8,88 Hektar, die seit 2012 auch endlich klassifiziert sind: als Premier Grand Cru Classé B. Der Grand Vin hat es in sich, verbindet Komplexität und Dichte mit Eleganz und großer Nachhaltigkeit am Gaumen. Auch einen Zweitwein gibt es, Viriginie de Valandraud. Es scheint wie eine Ironie der Geschichte, dass gerade die Parzellen Fongaban, Plaisance und Grézolle, die von 1991 und 1999 für Château Valandraud verantwortlich waren und dessen Ruf begründet haben, nicht klassifiziert worden sind. Aus ihnen stammt heute der Zweitwein, der allerdings die Klasse eines eigenen Grand Vins hat.

Auch Spanien kennt die Geschichten von großartigen Weingütern und hervorragenden Weinqualitäten. Don Eloy Lecanda y Chaves gründete 1864 ein Weingut, das den Charakter einer ganzen Weinregion prägen sollte. Da der Edelmann in Bordeaux ausgebildet war, beschäftigte er sich zunächst mit den Rebsorten Cabernet Sauvignon und Merlot, doch entdeckte er bald die hervorragenden Qualitäten der als Tinta del País bekannten Spielart des Tempranillo. 1915 erwarb die Familie Herrero das Weingut. Sie kreierte erstmals die Spitzencuvée „Unico", die heute zu den gesuchtesten Weinen Spaniens zählt. Seit 1982 gehört das nach der Heiligen Cäcilia (und nicht nach Sizilien) benannte Weingut der Familie Alvárez Díaz.

Die große Besonderheit des Weinguts ist der eingangs erwähnte „Unico". Die Cuvée besteht zu mindestens 80 Prozent aus der roten Rebsorte Tinta del País. Ergänzt wird die Cuvée durch Cabernet Sauvignon, Malbec, Merlot und einem kleinen Anteil der weißen Rebsorte Albillo. Der Aufwand und die Sorgfalt, die auf Vega Sicilia für die Weinbereitung betrieben wird, sucht in Spanien seinesgleichen.

Nur die besten Fässer dieser Cuvée werden für den Unico ausgewählt, der nach einer sehr speziellen Methode erzeugt wird. Die Maische wird in offenen Eichenbottichen vergoren. Nach der malolaktischen Gärung wird die Cuvée in neuen Fässern aus französischer Eiche über einen Zeitraum von bis zu zwei Jahren ausgebaut. Danach wird der Wein zur weiteren Reife in alte Fässer aus meist amerikanischer Eiche umgelagert, wo er mindestens fünf Jahre lagert. Später wird der Wein ungefiltert auf Flaschen gezogen und für mindestens drei weitere Jahre gereift. Frühestens nach elf Jahren kommt der Wein auf den Markt.

Die absolute Qualitätsspitze wird nur aus außergewöhnlichen Jahrgängen erzeugt, die „Unico Reserva Especial": eine Cuvée, die aus gut zwei Dritteln Tinta del País, sowie Cabernet Sauvignon und teilweise den anderen oben genannten Rebsorten zusammengestellt wird. Sie wird als Jahrgangscuvée angeboten. Beispielsweise gibt es eine Cuvée aus den drei Jahrgängen 1996, 1998 und 2002. Die aktuelle Cuvée setzt sich aus den Jahrgängen 2003, 2004 und 2006 zusammen. Die Reserva Especial zeichnet sich durch ihre intensive, balsamische Würze, das komplexe Aromenspiel von Trockenfrucht und milden Gewürzen sowie perfekt eingebundene Tannine aus.

Doch auch auf Vega Sicilia gibt es einen Zweitwein. Der „Valbuena" wird in Stahltanks vergoren und in schon einmal belegten Barriques für ein weiteres Jahr ausgebaut, um anschließend 18 Monate auf der Flasche zu reifen. Er kommt bereits nach fünf Jahren auf den Markt und hilft, die Wartezeit auf den Unico zu verkürzen. Man kann diesen Wein durchaus auch als „Kleinen Unico" bezeichnen, denn in Jahren, in denen der Unico nicht aufgelegt wird, beispielsweise in 1997 oder 2002, werden auch die Trauben, die normalerweise für den Unico bestimmt wären, im Valbuena verarbeitet.

*Zwölf international renommierte Familienweingüter schlossen sich 1992 zur Vereinigung Primum Familiae Vini, der „Besten Familien des Weins" zusammen. Das Ziel: Tradition, Werte und Philosophie des Weinbaus zu fördern. Vega Sicilia gehört diesem exklusiven Verband an.*

Manchmal braucht es nur eine spannende Idee, um eine kleine Revolution auszulösen. Max Schubert hatte gleich zwei zündende Ideen. Der Kellermeister des Weinguts Penfolds in Australien entwickelte bereits Anfang der 60er-Jahre eine Bezeichnung für die Lagerung und Reifung von Weinen, die sogenannten Bins.

Als Bin bezeichnet man im Englischen schlicht und ergreifend einen Behälter, aber die Anlage eines perfekt ausgetüftelten Systems, in dem ein Bin immer einem bestimmten Weintyp zugeordnet ist, war sicherlich revolutionär. Niemand musste mehr komplizierte Weinnamen im Gedächtnis behalten. So versteckt sich hinter dem eher unspektakulären Namen Bin 2 die Bezeichnung einer Cuvée aus Shiraz und Mataro.

Bin 28 ist der sehr bekannte Kalimna Shiraz und wer einen Bin 311 bestellt, bekommt den Tumbarumba Chardonnay. Mit dieser

Idee war Weingenuss für den Konsumenten plötzlich viel unkomplizierter und einfacher.

Einer dieser Weine hat jedoch eine ganz besondere Geschichte und ist sozusagen die ältere der beiden revolutionären Gedankenspiele: Bin 95. Hinter der schlichten Bezeichnung „Bin" versteckt sich eine der großen Weinikonen, der Grange, der bis 1989 unter dem Namen Grange Hermitage angeboten wurde. Max Schubert experimentierte seit 1945 mit Shiraz-Trauben und stellte 1951 den ersten Jahrgang der Öffentlichkeit vor. Die 1800 Flaschen umfassende Produktion wurde allerdings nicht verkauft, sondern verschenkt oder als Muster verschickt. Der erste kommerzielle Jahrgang war der 1952er.

Doch irgendwie passte der Wein nicht in das Geschmacksbild der damaligen Zeit. In neuen amerikanischen Barriques ausgebaut, da man an die französischen Eichenfässer nicht kam, stellte dieser Wein für das australische Weinpublikum eine Novität und Herausforderung dar. Ein Wein im Bordeaux-Stil, zudem mit Barriquenoten – das war zuviel des Unbekannten.

Der Grange Hermitage sollte nach wenigen Jahrgängen wieder aufgegeben werden, doch sein Schöpfer glaubte an eine Zukunft für seine eigenständige und charakterstarke Kreation. Fast heimlich verfolgte er sein Projekt weiter und seine Beharrlichkeit gab ihm Recht. Als er 1955 den Wein auf der Royal Sydney Show präsentierte, waren Kritiker und Konsumenten plötzlich auf seiner Seite.

Grange Hermitage wurde eine Erfolgsgeschichte und der erste Kultwein aus Down Under. Der berühmte Weinkritiker Hugh Johnson hält ihn gar für den „einzig wahren Grand Cru der südlichen Hemisphäre". Der Wine-Spectator, eines der einflussreichsten Weinmagazine, kürte den Grange mit dem Jahrgang 1990 zum „besten Rotwein der Welt". Wer heute eine Flasche des Grange Hermitage dieser Jahrgänge kaufen möchte, wird mit Preisen zwischen 15 000 und 30 000 Euro konfrontiert.

Im Gegensatz zu vielen berühmten Kultweinen entstammt der Grange nicht einer Einzellage, vielmehr wollte sein Erfinder in jedem Jahr eine perfekte Cuvée präsentieren. Dazu nutzte er unterschiedliche Lagen, um unabhängig von Jahrgängen, klimatischen Bedingungen und äußeren Einflüssen nur die allerbesten Trauben zu verarbeiten. Dabei machen die Shiraz-Trauben mit 87 Prozent den Löwenanteil der Cuvée aus, ergänzt werden sie durch Cabernet-Sauvignon. Nur wenige Jahrgänge wie 1951, 1952, 1963, 1999, 2000 und 2001 sind sortenrein aus Shiraz gekeltert.

*Als der Arzt Dr. Rawson Penfold 1844 das Weingut Penfolds im australischen Barossa Valley gründete, wollte er mit dem dort produzierten Wein vor allem seinen Patienten helfen. Die Nachfrage nach den „gesunden Tropfen" war so groß, dass er die Anbauflächen erweitern musste. Der Rest ist Weingeschichte.*

Die Vergärung beginnt im Stahltank, später wird der Wein in Barrique aus amerikanischer Eiche umgelagert, wo er für 18 Monate reift. Drei bis vier Jahre Flaschenreife folgen, erst danach kommen die begehrten und teuren Flaschen in den Verkauf. Öffnet man eine dieser Flaschen, präsentiert sich der Wein mit großer Wucht und aromatischer Tiefe, wie beispielsweise der 2010er: Anklänge von süßen schwarzen Beerenfrüchten, saftigen Schwarzkirschen und Pflaumenmus werden von feinen Gewürznoten und Anklängen von Havanna-Tabak, Lakritz, Bitterschokolade und minzigätherischen Noten ergänzt. Am Gaumen ergänzen sich kraftvolle Tannine, eine wunderbare Fruchtsüße und ein opulentes, aromatisches Finale.

Viele Grange-Jahrgänge sind enorm lange lagerbar, manche Kritiker trauen ihnen sogar eine fast 50-jährige Kellerfähigkeit zu. Behält man außerdem im Hinterkopf, dass sogenannte Jahrhundertweine eine hohe Wertsteigerung erfahren können, liegt die Überlegung nahe, vielleicht die ein oder andere Flasche als Investition zu kaufen.

Übrigens weist auch dieser Wein einen kleinen Bruder aus, den Bin 389, der auch gerne als Baby-Grange bezeichnet wird. Eine Flasche dieses Weins ist für rund 50 Euro zu haben.

## Rotwein und Schokolade

### EIN SELBSTVERSUCH

Wein und Schokolade – ist das wirklich eine perfekte Kombination? Manchmal muss man auch exotische Kombinationen probieren, um sich eine Meinung bilden zu können. Und das tat ich auch.

In Frankreich setzt man auf einen trockenen Rotwein zu dunkler Schokolade und scheut auch die Kombination von trockenen Rotweinen mit Schokoladendesserts nicht. So verdanke ich dieser Genusstradition mein erstes Schokoladen- und Weinerlebnis. Auf Château Angélus wurde der hauseigene Grand Cru Classé aus einem altgereiften Jahrgang zusammen mit einem erstaunlich aromatischen, aber wenig süßen Schokoladensoufflé serviert. Ein phantastischer Genuss, den ich nie vergessen werde!

In England hingegen setzt man zum Nachtisch auf einen Wein mit Restsüße, gerne einen Port, um ihn gekonnt mit Schokoladendesserts zu kombinieren. Doch welches ist die richtige Wahl? Welcher Rotweintypus begleitet am besten Schokolade? Da Probieren über Studieren geht, ist der Selbstversuch wohl der sicherste Weg, das Geheimnis zu lüften. Die Zutaten sind übersichtlich und versprechen ein kleines kulinarisches Abenteuer: Man braucht nicht viel mehr als eine Auswahl von Schokoladen mit unterschiedlichem Kakaogehalt sowie einige Flaschen Wein.

Zunächst zur Schokolade: Die Schokoladenauswahl sollte eine klassische Milchschokolade beinhalten, die um die 36 Prozent Kakaoanteil aufweist, eine feinherbe Schokolade mit einem Kakaoanteil um die 50 Prozent, eine dunkle Schokolade mit 70 Prozent Kakaoanteil sowie zur Abrundung eine Trauben-Nuss-Variante und eine weiße Schokolade.

Drei verschiedene Weintypen werden den Kombinationswettbewerb mit der Schokolade aufnehmen: ein trockener Rotwein mit wenig Gerbstoff und feiner Frucht, wie beispielsweise ein klassischer Spätburgunder (ohne Barriqueausbau), ein kräftiger trockener Tropfen aus Bordeaux, der gerne etwas Gerbstoff aufweisen kann sowie ein klassischer Portwein mit seiner unvergleichlichen Frucht und Süße.

*Die Bezeichnung Grand Cru gilt ebenso für große Weine wie auch für besondere Schokoladen. Der Begriff ist nicht gesetzlich geschützt, meint aber in der Regel Schokoladen aus Edelkakao wie Criollo, Trinitario oder Nacional ausgewiesener Regionen.*

Einige Regeln kristallisieren sich bei diesem Experiment schnell heraus: Süße kann einerseits alle anderen geschmacklichen Komponenten wie bitter, sauer und salzig einbinden oder gar neutralisieren, nimmt jedoch auch bei süßen Komponenten eine ausgleichende, sprich intensitätsmindernde Rolle ein. Je höher der Kakaoanteil in der Schokolade, desto ausgeprägter können die Säurekomponenten hervortreten. Säure wiederum verstärkt die Säure, die Bitterstoffe und die salzig-mineralischen Komponenten eines Weins. Auch Bitterstoffe werden durch einen höheren Kakaogehalt deutlich stärker hervorgehoben. Sie reagieren auf die anderen Inhaltsstoffe ebenfalls deutlich verstärkend. Lediglich die Süße wird von den Bitterstoffen abgeschwächt.

Und zum Schluss: Schokolade verfügt über deutliche Röstaromen, dies liegt in der Natur ihres Herstellungsprozesses. Die Röstaromen beeinflussen maßgeblich die Kombination von Schokolade und Wein und können fruchtige Komponenten im Wein überdecken. Je höher übrigens der Kakaogehalt, desto deutlicher treten die Röstaromen zutage. Das „Conchieren“, also das kontinuierliche Rühren der Schokoladenmasse in der Conchiermaschine, ist ein wichtiger Faktor, um den berühmten „Schmelz“ der Schokolade herzustellen. Dazu wird die Kakaomasse gleichmäßig über einen Zeitraum bis zu 72 Stunden bearbeitet. Je „schmelziger“ die Schokolade desto angenehmer ist das Mundgefühl und desto besser harmoniert die Schokolade zum Wein.

Interessant sind nun die verschiedenen Kombinationen. Der Rotwein mit mildem Charakter, der wenig Gerbstoffe aufweist, wird eine

Milchschokolade dezent im Hintergrund begleiten. Bei der feinherben Schokolade tritt die Frucht des Weins etwas stärker in den Vordergrund und bei der dunklen Schokolade bleibt der Wein zwar eher im Hintergrund, bindet aber wunderbar die Säure und die feinen Bitterstoffe der Schokolade ein. Schwierig wird es mit der Trauben-Nuss-Variante, ebenso mit der weißen Schokolade, denn diese beiden Sorten sind in ihrer Süße zu dominant, um dem milden Charakter des Rotweins eine Chance zu lassen.

*Die Welt nascht: 4,12 Milliarden Kilogramm Schokolade, das Äquivalent von 40 Milliarden Tafeln, wurden 2015 weltweit verzehrt. In Deutschland lag der Pro-Kopf-Verbrauch 2016 bei 9,7 Kilo Schokoladenwaren.*

Spannend wird die zweite Versuchsreihe, wenn der Rotwein kraftvoller ist und eine stärkere Tanninstruktur aufweist. In Kombination mit der Milchschokolade wirkt der Wein dann sehr säurebetont, die Tannine treten deutlicher hervor. Im Zusammenspiel mit Trauben-Nuss-Schokolade und weißer Schokolade wirkt der Wein fast bitter. Allerdings kann er bei den Schokoladen mit höherem Kakaoanteil gut punkten. Die Kombination wirkt aromatisch, mit feiner Säure, feinherbem Tannincharakter und aromatischem Finale.

Süße wiederum ist in der Kombination mit Schokolade durchaus interessant. So akzentuiert die Süße des Weins die Süße der Schokolade. Port und Schokolade kommen sich dabei näher. In Verbindung mit Milchschokolade verliert der Port wiederum deutlich an Süße. Die feinherbe oder dunkle Schokolade bindet dagegen zwar die Süße des Portweins ein, fördert aber auch seine Frucht. Sehr aromatisch präsentiert sich die Trauben-Nuss-Variante mit Port, denn die Schokolade unterstützt die Dörrobstaromen im Wein und verleiht ihm einen ganz anderen, aromatisch-intensiveren Charakter. Die weiße Schokolade und der rote Port ergänzen sich zwar in gewisser Weise, aber beide Partner verlieren dabei ihren süßen Charakter.

Mein Fazit: Probieren Sie es aus, ergänzen Sie Schokoladen- und Weintypen und Sie werden ein ganz neues Universum an Aromen und Geschmackskombinationen erleben.

## Weinnotizen

**So bleibt die Tischwäsche blütenweiß**

*Nichts leuchtet so unmissverständlich grell wie ein Rotweinfleck auf einer edlen Tischdecke. In der Not greift so mancher Gastgeber sofort zu Salz, um es auf die feuchte Stelle zu streuen. Dieses alte Hausmittel lässt das trügerische Gefühl entstehen, etwas gegen den Fleck zu unternehmen, denn dass Salz (gerne auch in Kombination mit Zitronensaft) ihn verschwinden lässt, ist eine Legende. Der Wein wird zwar vom Salz aufgesogen und damit wirkt der Fleck etwas heller. Auch werden die Farbpigmente des Rotweins durch das Salz angegriffen, doch häufig bleibt ein bräunlicher Fleck zurück, der auch in der Waschmaschine und unter Einsatz kraftvoller Fleckententferner nicht spurlos verschwindet. Stattdessen wirken sich letztere oftmals eher negativ auf empfindliche Textilien aus.*

*Das Rezept für blütenweiße Tischwäsche ist relativ simpel. Zunächst ist Schnelligkeit gefordert, denn ist ein Rotweinfleck erst einmal tief in die Fasern eingedrungen oder gar eingetrocknet, wird seine Entfernung zur Herausforderung – mit ungewissem Ausgang. Am effektivsten ist der Einsatz von viel Wasser sowie etwas Seife oder Spülmittel. Dabei niemals das Tischtuch reiben. Sonst würde man nur ein hübsches Batikmuster hinein massieren. Nach dieser Erstbehandlung sollte das gute Stück direkt in die Waschmaschine wandern.* ⇜«

## Die Zimmertemperatur

### EINE LEGENDE AUS VERGANGENEN ZEITEN

Albert Einstein soll einmal gesagt haben, es sei leichter ein Atom zu zerstören, als ein Vorurteil zu widerlegen. Recht hatte er, auch was das Vorurteil angeht, welche Weintemperatur den optimalen Rotweingenuss garantiert. Hartnäckig hält sich das Gerücht, dass große Rotweine bei Zimmertemperatur genossen werden sollten. Bei einem modernen Gebäude mit einer gut funktionierenden Heizungsanlage erreicht diese im Winter problemlos 22 bis 24 Grad.

Bei diesen Temperaturen macht Rotwein allerdings keinen richtigen Spaß mehr.

Tatsächlich stammt die gute alte Regel der Zimmertemperatur aus längst vergangenen Zeiten. Eine mittelalterliche Ritterburg war zugig und kühl, da konnte von angenehmer Raumtemperatur kaum die Rede sein. Als später der Adel von den Burgen in bequemere Schlösser umzog, war das zwar ein gewaltiger Sprung, was Komfort und Luxus anbelangte, viel wärmer wurde es in den Räumen jedoch immer noch nicht. 17 bis 18 Grad Celsius galten noch für unsere Urgroßväter als gemütliche Wohnzimmertemperatur, zumindest für den französischen König in Versailles oder die Kaiser des Heiligen Römischen Reiches Deutscher Nation in Wien. Mehr gaben die Kamine und Kachelöfen in den Schlössern kaum her. Wenn damals also ein Wein „chambriert", also auf die richtige Temperatur gebracht wurde, bedeutete dies eine Trinktemperatur, die 18 Grad kaum überschritt. Das ist für einen kräftigen Rotwein eine durchaus angenehme Trinktemperatur.

Es stellt sich also die Frage, welche Auswirkung die Temperatur auf einen Rotwein hat und warum Rotweine „mittelalterlich warm" getrunken werden sollen. Je kühler ein Wein serviert wird, desto verschlossener wirkt er, die Aromen zeigen sich nicht stark ausgeprägt.

Sehr kühl serviert präsentieren sich selbst die leicht flüchtigen Bukettstoffe gerade noch als dezente Ahnung. Am Gaumen entfalten sich keine Aromastoffe und die Extrakte sind kaum noch zu schmecken oder zu riechen. Gleichzeitig erscheinen bei niedrigen Temperaturen die Gerbstoffe viel herber und spröder als bei einer höheren Gradzahl.

Den Beweis liefert ein Test mit einem jungen Rotwein, der aus dem Kühlschrank heraus direkt ins Glas eingeschenkt wird. Vom Duft her liegt der rubinrote Tropfen näher beim Wasser als bei einem aromatisch komplexen Getränk. Der eiskalte Rotwein präsentiert sich spröde mit unangenehmen Bitterstoffen, mit Aromastoffen nah an der Wahrnehmungsgrenze. Rotwein kühlschrankkalt zu trinken, ist also keine Option.

*Wer sich bei der Trinktemperatur unsicher ist, dem helfen Weinthermometer für einen perfekt temperierten Weingenuss. Es gibt sie entweder als klassische Thermometer, die in die Flasche gesteckt werden, oder als Manschette für die Flasche.*

Das andere Extrem ist eine zu hohe Temperatur. Zwar steigt mit erhöhter Temperatur auch die Flüchtigkeit der Aromastoffe, sodass diese besser wahrgenommen werden. Auch wirken die Gerbstoffe bei steigender Temperatur viel geschmeidiger. Allerdings verdampft bei höherer Temperatur auch der Alkohol viel leichter. Dies kann zu einem alkoholischen, teilweise sogar scharfen Eindruck in der Nase führen, der den Genuss beeinträchtigt.

Wie so häufig kommt es auf die Dosis an und diese ist von Weintyp zu Weintyp sehr unterschiedlich. Beginnen wir mit den kraftvollen Rotweinen, die in der Regel eine intensive Farbe aufweisen, einen höheren Alkoholgehalt haben und deutliche Tannine zeigen. Hier ist eine Serviertemperatur um 17 bis 18 Grad empfehlenswert. Denn bereits während des Einschenkens ins Glas erhöht sich die Weintemperatur um etwa ein Grad.

Damit liegen wir immer noch unter den 20 Grad, die eine kritische Grenze für die Alkoholwahrnehmung darstellen. Zu diesen kraftvollen Typen gehören beispielsweise große Rotweine aus Bordeaux, aus der Toskana oder dem Süden Italiens sowie kräftige Spanier und wuchtige Weine wie beispielsweise Shiraz aus Australien, Pinotage aus Südafrika oder Cabernet aus Amerika.

Mittelkräftige Weine mit aromatischem Charakter und einem feinen Tanningerüst, beispielsweise feine Gewächse aus Rebsorten wie Pinot Noir, verlangen nach einem eher mittleren Temperaturbereich, der gerne beim Ausschenken um die 15 Grad liegen darf. Mit einem Grad zusätzlich durch das Einschenken ist die Temperatur mit rund 16 Grad ideal für den Trinkgenuss, die Aromen zeigen sich differenziert und elegant, die Gerbstoffe sind präsent, aber frei von bitteren Komponenten. Hier kommt dem Wein generell auch der weniger kräftige Tanningehalt zugute.

*Platz 1 der weltweit verbreitetsten Rebsorten belegt Cabernet Sauvignon mit 290 000 Hektar Anbaufläche, gefolgt von Merlot mit rund 270 000 Hektar. Nur auf Platz 10 landet Sangiovese mit 77 000 Hektar.*

Leichtere Weine mit einer helleren roten Färbung, einem etwas niedrigeren Alkoholgehalt und eher milden Tanninen können im Sommer sogar bei 12 bis 13 Grad ausgeschenkt werden. Die Frucht zeigt sich dann feingliedrig und klar, die Weine hinterlassen am Gaumen einen frischen, fast erfrischenden Eindruck. Zu diesen leichteren Rotweintypen zählen Trollinger oder Vernatsch, auch leichtere Weine wie beispielsweise ein Bardolino oder ein Roter Portugieser gehören zu diesem Typus der frisch trinkbaren Sommerweine.

Übrigens spielt auch die Jahreszeit eine Rolle für die Wahrnehmung eines Weins. Im Sommer darf die Serviertemperatur gerne ein oder zwei Grad kühler liegen, während in der kalten und dunklen Winterzeit der Tropfen mit ein oder zwei Grad mehr als angenehm empfunden wird. Der Rotwein wärmt die Seele schon beim Einschenken und sanften Schwenken des Glases. Und was gibt es auch vollmundigeres, als bei nasskaltem Wetter ein Glas Cabernet Sauvignon, Syrah oder Zinfandel zu trinken. Die Rotweinländer Frankreich, Italien oder Spanien und Portugal bieten Abwechslung für jeden Gaumen.

## Rotweinkauf ist Vertrauenssache

### SO FINDEN SIE EINE VERLÄSSLICHE ADRESSE

Die Runde im Weinkeller ist gesellig, die Geschichten und Anekdoten des Winzers liefern prächtigen Unterhaltungsstoff und die Zeit während der Weinprobe vergeht wie im Flug. Auch erfährt man viel Nützliches und Wissenswertes über seinen Lieblingswein, erhält Tipps zur Lagerung und manchmal sogar das ein oder andere Kochrezept – natürlich in Kombination mit dem passenden Wein. So wünscht man sich als Kunde den Weineinkauf. Der Weinkauf beim Winzer ist für viele Weinfreundinnen und Weinfreunde ein großer Spaß und das Highlight ihrer Weinreise, doch in Wahrheit werden die wenigsten Flaschen direkt im Weingut in den Kofferraum geladen. Wo aber kauft man guten Wein und wer berät einen fachmännisch? Schließlich ist Weinkauf Vertrauenssache.

Der Weinfachhändler ist in der Regel eine verlässliche Adresse. Davor steht das Beratungsgespräch. Je mehr Informationen Ihr Ansprechpartner im Weinladen von Ihnen erhält, desto zielgerichteter kann er aus dem riesigen Meer an Flaschen und Etiketten das Passende herausfischen. Meist ist es möglich, die Weine im Ladenlokal zu verkosten – ein echtes Plus. Damit erfüllt der klassische Weinfachhändler eine wichtige Funktion und bietet eine hervorragende Dienstleistung an, die häufig zu einer langjährigen Vertrauensbeziehung führt. Leider hat nicht jeder einen Weinfachhändler um die Ecke, manch einer traut sich vielleicht auch gar nicht in ein Weinfachgeschäft. Oder man möchte einfach nur eine Flasche auf die Schnelle mitnehmen. Supermärkte und Discounter sind da eine Alternative. Längst haben die großen Anbieter ihre Sortimente variantenreich aufgebaut und präsentieren eine große Vielfalt aus Weinen, die aus Deutschland, Europa oder gar Übersee stammen. Die Beratung kann in diesem Umfeld zwar nicht persönlich gestaltet werden, doch auch hier machen sich manche Supermärkte und Discounter viele Gedanken, wie man dem Kunden eine Flasche schmackhaft machen kann. Die Sortierung nach Herkunftsländern und die mehr oder weniger umfangreiche Beschreibung des Weins ist dabei nur eine von vielen kreativen Lösungen, die hier angeboten werden. Eine weitere Hilfestellung zu Trauben, Alkoholgehalt und Geschmack finden Kunden inzwischen meist auf dem Rückenetikett der Flasche. Dank Smartphone und QR-Codes kann man sich darüber hinaus direkt vor dem Weinregal über die Region, ihre Weine und die Qualität informieren.

Die bewährteste Methode, in einem solchen Umfeld den passenden Wein zu finden, lautet einfach: ausprobieren. Zunächst sucht man sich eine ansprechende Flasche aus und kauft sie. Daheim wird dann verkostet. Wenn der Wein geschmeckt hat, sollte man sich das Etikett merken (oder es abfotografieren), um den Wein zu einem späteren Zeitpunkt wiederzufinden.

*Gütesiegel für Qualität und Herkunft: Französische Weine tragen das Kürzel AOP (Appellation d'Origine Protégée), italienische DOC oder DOCG (Denominazione di Origine Controllata e garantita), Deutsche Q.b.A. (Qualitätswein bestimmter Anbaugebiete).*

Neben Bekleidung, Elektronikartikeln und Büchern hat in den letzten Jahren auch der Versandhandel mit Spirituosen und Wein enorm an Fahrt aufgenommen. Zwar ergab eine Umfrage der Hochschule Geisenheim, dass bislang nur sieben Prozent der Konsumenten bereits einmal online Wein gekauft haben und erst weitere 14 Prozent sich dies für die nähere Zukunft vorstellen können. Doch selbst teure Tropfen werden mit steigender Tendenz ganz einfach per Mausklick bestellt. Das Onlineangebot von Händlern wie Hawesko oder Amazon ist groß. Und das aus gutem Grund. Kunden, die es gewohnt sind, jegliche Form von Waren online zu bestellen, wünschen sich dies auch für ihren Lieblingswein. Ansprechende emotionale Aufbereitung des Produkts Wein, schnelle Lieferzeiten und der unmittelbare Preisvergleich mit der Konkurrenz entscheiden hier über die Konkurrenzfähigkeit eines Anbieters. Eine Vielzahl seriöser Versender wirbt mit ansprechenden Websites und vielen Informationen , um Kunden die Auswahl zu erleichtern. Dass auch hier Probieren über Studieren geht, hat sich längst herumgesprochen. So werden häufig Probierpakete angeboten, die daheim eine Auswahl in aller Ruhe ermöglichen. Ob alleine, mit der Familie oder mit Freunden: Probierpakete machen Spaß. Das beweist auch die SZ Vinothek der Süddeutschen Zeitung immer wieder aufs Neue.

Egal ob direkt beim Winzer, im Fachgeschäft, im Supermarkt oder auch über den Versand: Entscheidend ist, ob der Wein schmeckt. Damit steht einem vertrauensvollen Weineinkauf nichts im Wege. Und: Manchmal probiert man einen Wein beim Winzer, den man später im Versand oder im Weinregal eines Fachhändlers wiederfindet. Es ist dann, als ob man einen alten Freund trifft. Es sind genau diese vielfältigen Verkostungserlebnisse, die Wein zu einem so besonderen Getränk machen.

## Der Traum vom eigenen Weinkeller

### SO LAGERN SIE IHREN ROTWEIN

Reife Tropfen aus dem eigenen Keller, feine Gewächse, die sich in den Flaschen langsam entwickeln, Holzkisten in denen besondere Flaschen ihrer Entdeckung harren ... Der Traum vom eigenen Weinkeller bewegt viele Genießer. Doch nicht jeder unterirdische Raum ist für eine lange Lagerung und einen gemächlichen Reifungsprozess geeignet. Wer lange und geduldig, manchmal jahrelang wartet, möchte beim Öffnen der Flasche keine bösen Überraschungen erleben. Daher gibt es einige grundlegende Regeln, die für eine optimale Lagerung unbedingt eingehalten werden sollten. Da ist zunächst die Kellertemperatur: Je konstanter die Temperatur im Keller, desto langsamer findet der Reifeprozess statt. Dabei ist ein Temperaturspektrum zwischen 8 und 12 Grad ideal. Ist die Temperatur höher, bis ca. 16 Grad, reifen die Weine zwar etwas schneller, doch die Qualität ist nicht beeinträchtigt, wenn das Temperaturspektrum während der Lagerung wenige Abweichungen nach oben oder unten aufweist. So kann sogar gezielt die Reifegeschwindigkeit etwas beeinflusst werden.

Licht ist ein Feind des Weins, es führt zu einer rascheren Alterung und kann einen ganz eigenen Fehlton im Wein auftreten lassen, den sogenannten Lichtgeschmack. Aus diesem Grund ist eine dunkle Lagerung unabdingbar. Rotweine wollen in Ruhe reifen, Erschütterungen sind daher ebenfalls ein Faktor, der einen Wein schneller altern lässt. Den Weinkeller neben einer Bahnlinie anzulegen, ist daher alles andere als empfehlenswert.

Der Kellerraum sollte auch geruchsneutral sein, denn Gerüche können über den Korken in den Wein wandern. Ein langfristiger Lagerplatz in der Garage verbietet sich daher von selbst. Wichtig ist auch die Luftfeuchtigkeit. Ist sie zu hoch, verschimmeln die Etiketten schnell und werden unleserlich. Weingenuss kann dann einem Roulettespiel gleichen und die früher aus der Not geborene Idee, Weine blind zu verkosten, ist vielleicht auch nicht jedermanns Sache. Ist die Luftfeuchte zu niedrig, trocknet der Korken schneller aus und der Flascheninhalt verdunstet schneller, was wiederum eine beschleunigte Oxidation des Weins zur Folge hat. Ein idealer Bereich liegt daher um die 65 Prozent Luftfeuchtigkeit.

Wer einen derart perfekten Keller nicht besitzt, kann sich heute gut mit Weinklimaschränken behelfen. Sollen die Weine längere Zeit gelagert werden, so ist eine niedrigere Temperatur zwischen 8 und 12 Grad empfehlenswert. Vor dem Öffnen, nimmt man die Rotweine aus dem Klimaschrank heraus, damit sie eine gute Genusstemperatur erreichen. Sollte man weder Besitzer eines Weinklimaschranks noch eines Weinkellers sein, sucht man am besten den ruhigsten, dunkelsten und kühlsten Platz in der Wohnung.

## Weinnotizen

**2015 Almaviva, Baron Philippe de Rothschild & Viña Concha y Toro**

*Eine Besonderheit der Weinwelt sind heute immer noch Winzerkooperationen über die Grenzen von Kontinenten hinaus. Mit seinem Opus One hatte einst Baron Philippe de Rothschild gemeinsam mit Robert Mondavi den Austausch von Wissen und Können zweier Kontinente erfolgreich umgesetzt. Seine Tochter, Baronin Philippine de Rothschild, führte diese Idee in einem Projekt mit dem chilenischen Spitzenerzeuger Concha y Toro weiter. „Almaviva" war geboren, benannt nach der berühmten literarischen Figur aus dem Werk des Conte de Beaumarchais, mit dessen Nachfahre die Baronin verheiratet war. Der intensiv purpurrote 2015er ist besonders gelungen. Mit Aromen von schwarzen Johannis- und Holunderbeeren, Johannisbeermarmelade, eleganten Röstnoten und Anklängen von Vanille und Gewürznelken wirkt er in seiner Jugend schon verführerisch. Gleichzeitig hat dieser großartig strukturierte Rotwein mit milder Säure, gut gereiften, aber festen Tanninen, etwas süßer Frucht, Bitterschokolade und milden Gewürzen im Nachhall ein ausgezeichnetes Reifepotenzial. Ein wunderbar ausgewogener Wein mit opulentem Charakter.* ⇐«

## Prost, À vôtre santé und Cin Cin

ÜBER DIE URSPRÜNGE UNSERES BELIEBTESTEN TRINKRITUALS

Obwohl wir selten wissen, woher der Ursprung einer Handlungsweise rührt, halten wir uns doch gerne an manche Rituale. Der Herr geht stets links von der Dame, denn früher wurde das Schwert links getragen. Bei Tisch haben wir Gewohnheiten übernommen, die einen realen, praktischen Ursprung haben und auch die Weinwelt kennt solche Rituale, von denen das wohl Wichtigste das Zuprosten ist. Es ist eine schöne Geste und auch ein wunderbarer Klang, wenn die Gläser sanft aneinander schlagen und dabei einen angenehmen, verlockenden Ton erklingen lassen, der die Ouvertüre für den Weingenuss ist. Doch woher stammt diese Sitte?

Den Ursprung des Zuprostens vermuten manche in den Symosien im alten Griechenland. Diese Gesellschaften vereinten ausschließlich Männer – idealerweise 13 an der Zahl – rund um genussvoll arrangierte Speisen und die besten Weine der Zeit. Doch stand nicht allein der Genuss im Mittelpunkt dieser Treffen, sondern auch das Gespräch. Es wurde entweder heftig diskutiert, versonnen philosophiert oder man rezitierte Gedichte. Wein zu trinken, war eine gute Gelegenheit für gesellschaftlichen Austausch.

Für die Griechen war es ein wichtiger Aspekt, möglichst alle Sinne anzusprechen. Wein konnte zwar das Auge für sich gewinnen, durch Geruch und Geschmack überzeugen. Doch die Teilnehmer der Symposien fanden, dass Wein auch über das Gehör, den akustischen Sinn, reizen sollte. Deshalb prostete man sich zu.

Eine schöne Sitte, die im Mittelalter manchmal überlebenswichtig wurde. Beim Zuprosten hob man den Becher, idealerweise aus Silber bei hochgestellten Persönlichkeiten. Man prostete sich zu und blickte sich dabei gegenseitig in die Augen. Eine Form der Höflichkeit, die auch das Überleben sicherte. Schliesslich konnte man das glänzende

Metall des Bechers oder die Iris des Gegenübers als „Spiegel“ benutzen und somit prüfen, ob der Rücken „frei war“ oder Gefahr drohte.

Die Methoden, „verehrte Tischgenossen“ ins Jenseits zu befördern, wurden im Laufe der Zeit subtiler. Man gebrauchte nicht immer nur das Schwert. Die florentinische Medici-Familie arbeitete erfolgreich mit Gift. Kein Wunder, dass Gläser plötzlich bei den hohen Herrschaften immer mehr „en vogue“ kamen. Durch Glas konnte man hässliche Trübungen oder andere verdächtige Spuren von Gift viel besser erkennen. Und so blieb die freundliche Art des Zuprostens, ergänzt durch Trinksprüche erhalten.

Und wie prostet man sich nun formvollendet zu? Obwohl man hierzulande immer noch häufiger mit dem Glas und einem „Prost“ oder „Zum Wohl“ anstößt, als in anderen europäischen Ländern, wird auch dort mit dem Glas angestoßen. Hier also einige Weinnationen und wie man sich formvollendet zuprostet: „Santé“ oder „À vôtre santé“, heißt es in Frankreich, in Italien stößt man mit einem „Salute“ oder „Cin Cin“ an und in den englischsprachigen Ländern heißt es schlicht „Cheers“. Etwas aufwendiger wird es in Spanien, hier gibt man sich zwar auch mit einem einfachen „Salud“ zufrieden, doch der schönste Trinkspruch lautet: „Arriba, abajo, al centro y pa’ dentro“, was soviel bedeutet wie „Nach oben, nach unten, zur Mitte und dann rein damit“. Dabei ist es sinnvoll, das Glas zunächst nach oben, dann nach unten und zur Mitte zu führen. Na dann: „Prost“.

# Kleines Rotweinlexikon

## A

ADSTRINGIEREND: Der lateinische Begriff „adstringere“ wird im Deutschen mit dem Wort „zusammenziehend“ übersetzt. Und tatsächlich ist ein adstringierender Effekt auf der Zunge als Zusammenziehen oder Trockenwerden der Zunge spürbar, der meist von den Tanninen ausgelöst wird.

ALTERUNGSPOTENZIAL: Nicht jeder Rotwein gewinnt durch das Altern an Qualität. Nach dem Abfüllen auf die Flasche reift der Wein. Zu einem bestimmten Zeitpunkt ist der optimale Moment für das Öffnen der Flasche erreicht. Dies kann nach nur wenigen Jahren bis zu Jahrzehnten der Fall sein. Faktoren wie Rebsorte, Jahrgang, Säure-, Alkohol- und Tanningehalt, Herstellung und die Lagerung bestimmen das theoretisch mögliche Alterungspotenzial eines Weins.

ANTHOCYANE: Stoffgruppe, die vor allem in den Schalen roter Trauben vorkommt und in Kombination mit einem beispielsweise beim Essen veränderten ph-Wert im Mund dafür sorgt, dass die Zähne oder die Zunge blau werden.

## B

BARRIQUE: Ein Eichenfass mit einem Fassungsvermögen von 225 Litern. Frisch zusammengestellte Barriques werden „getoastet“, also mit Gasbrenner oder über offenem Feuer ausgeflammt. Durch die Hitze kann das Holz in Form gebracht werden, Gleichzeitig verleiht es den Barriques zusätzliche Aromen.

BETONTANK: Eine nicht jedem Weinfreund bekannte Form der Weinlagerung ist der Betontank. Manche Winzer schätzen sie wegen ihrer hohen Temperaturstabilität. Neben dem Ausbau im Fass oder in Stahltanks, die zwischen 100 und bis zu 20 000 Liter fassen, reifen die Weine hier unter gleichbleibenden Bedingungen.

BIN: Im eigentlichen Sinne ein Fass oder ein Behälter. Das Weingut Penfolds begann in den 1960er-Jahren seine Weine einfach durchzunummerieren, sodass jeder Weintyp einem Fass zugeordnet werden konnte. So erhielt jeder Wein eine Fassnummer.

## C

CHÂTEAU: Französische Bezeichnung für ein Weingut. Es gibt in Frankreich über 4 000 Châteaux, die meisten in Bordeaux. Die Verwendung des Begriffs ist nicht an ein repräsentatives Gebäude oder gar ein Schloss gebunden. Häufig gibt es gar kein solches Gebäude. Zu den prestigeträchtigsten Château in Frankreich gehören Châteaux Margaux, Château Mouton-Rothschild oder Châteaux Pétrus.

CUVÉE: Im deutschen Sprachraum bezeichnet der Begriff das Mischen unterschiedlicher Rebsorten oder Lagen nach der Vinifizierung. So entstehen ganz neue und im besten Fall harmonische Geschmackserlebnisse. In Frankreich werden alle Füllungen eines Weinguts als Cuvée bezeichnet, egal ob sortenrein oder nicht.

## D

DOC: Die Denominazione di Origine Controllata ist eine kontrollierte Herkunftsbezeichnung für italienische Weine. Sie kennzeichnet Weine als Ursprungsbezeichnung.

DOCG: Denominazione di Origine Controllata e Garantita bezeichnet hochqualitative Weine einer bestimmten Herkunft, die seit mindestens fünf Jahren als DOC gekennzeichnet sind. Die Weine dürfen nur in maximal 5 Liter fassenden Flaschen abgefüllt werden und tragen eine amtliche Banderole, die ihre besondere Qualität ausweist.

## E

ENTRAPPEN: der Vorgang, bei dem die Beeren vom Traubengerüst getrennt werden. Der Prozess erfolgt durch mechanische Entrapper und Walzen, die die Beeren von den Traubenstielen trennen.

## G

GARAGENWEIN: Der Trend zum Garagenwein begann in den 1990er-Jahren und umfasst einen Weinstil, bei dem auf geringe Erträge, der Einsatz von Barriquefässern und höchste Qualitätsansprüche gesetzt wird. Einer der bekanntesten Vertreter von Garagenweinen ist Château Valandraud.

GRAND CRU: Der Begriff wird in Frankreich je nach Region anders definiert. Im Burgund steht er für absolute Spitzenlagen, in Saint-Emilion wird er als eigene Appellation geführt: Saint-Émilion Grand Cru muss geringere Erträge und eine bessere Basisqualität als ein normaler Saint-Émilionaufweisen und in Barriques ausgebaut worden sein.

GROSSES GEWÄCHS: Höchste Klassifikationsstufe von Weinen. Synonym für Grand Cru. In Deutschland bezeichnet der Begriff großes Gewächs die höchste Klassifikationsstufe für trockene Weine aus Weingütern, die im VDP (Verband Deutscher Prädikatsweingüter) oder im Bernkasteler Ring organisert sind.

## H

HISTAMIN: wirkt im menschlichen Organismus als Botenstoff und steht im Verdacht, Unverträglichkeiten und auf See Seekrankheit mit zu verursachen. Histamin hat allerdings auch positive Eigenschaften. Es ist u.a. an der Steuerung des Schlaf-Wach-Rhythmus beteiligt und spielt bei der Appetitkontrolle eine Rolle. Je sauberer und unverdorbener das Lesegut ist, desto weniger Histamin weist ein Wein auf. Rotwein weist dennoch bis zu viermal höhere Konzentrationen von Histamin auf als Weißwein.

## K

KORKENZIEHER: Ist eine Weinflasche erst verschlossen, muss sie auch wieder entkorkt werden. Mit der Einführung von Glasflaschen war dies im 18. Jahrhundert ein Problem, für das man bald eine Lösung fand: den Korkenzieher. So entstanden im Laufe der Jahrhunderte zahlreiche Variationen, die heute als wertvolle Sammlerobjekte gelten und teuer gehandelt werden. Korkenzieher haben viele Liebhaber. Die illustre, seit 1974 bestehende britische Vereinigung „International Corrspondence of Corkscrew Addicts“ etwa. Die 50 Mitglieder erproben bei internationalen Zusammenkünften die ältesten Stücke ihrer teils jahrhundertealten Sammlungen.

## M

MAISCHE: Nach dem Entrappen werden die Trauben zwischen Walzen zerdrückt. Dabei darf der Druck nur so groß sein, dass die Traubenkerne nicht zerdrückt werden. Die so entstandene Mischung aus Saft, Schalen und Kernen nennt man Maische. Sie ist die Grundlage für die Weinherstellung.

MAISCHEGÄRUNG: Für die Maischegärung werden die Trauben gequetscht und anschließend zusammen mit dem Traubensaft, dem Fruchtfleisch, der Traubenhaut und den Kernen vergoren.

MALOLAKTISCHE GÄRUNG: Bezeichnung für den Umwandlungsprozess von aggressiver Apfelsäure in die milder schmeckende Milchsäure mit Hilfe von Milchsäurebakterien. Bei Rotweinen größtenteils ein Standard.

MÄUSELN: Dieser Weinfehler tritt häufiger bei Jungweinen mit Restsüße auf. Der Duft ist oxidativ, muffig, essigartig und erinnert Kritiker mit seinem metallisch-strengen Geruch an Ammoniak, Kuhstallausdünstungen oder Mäuseurin. Am Gaumen präsentiert er sich als kratzender und langanhaltender Geschmack. Ursachen sind Milchsäure-Bakterien sowie eine Hefegattung (Brettanomyces bruxellensis).

METHODE TRADITIONELLE: Der Fachbegriff für die klassische Flaschengärung bei der Schaumweinerzeugung, die in der Champagne als Méthode Champenoise genannt wird.

MIKROOXIDATION: Gezielter Sauerstoffkontakt in kleinen Mengen. Durch die Sauerstoffzufuhr reift der junge Rotwein schneller. Die klassische Reifung im Holzfass ermöglicht durch die Porösität des Holzes eine kontinuierliche Zufuhr von Sauerstoff.

## O

OXIDATION: Der Einfluss von Sauerstoff auf die Inhaltsstoffe des Weins. Die Oxidation ist einerseits notwendig, damit Wein sein Aroma entwickeln kann. Führt diese Entwicklung zu weit, wird Oxidation als negativ betrachtet und macht sich mit einem Sherry-artigen Aroma erkennbar.

## P

PIGEAGE: das in Burgund übliche Untertauchen des Tresterhuts.

PREMIER GRAND CRU CLASSÉ: In Saint-Émillion werden die Premier Crus Classés in zwei Stufen, A und B unterteilt. In der Kategorie A gibt es nur vier Châteaux: Ausone, Cheval Blanc, Angelus und Pavie. Premier Grand Crus Classés B sind beispielsweise die Châteaux Figeac, Clos Fourtet und Troplong Mondot.

PRIMÄRAROMEN: Primäraromen sind Bestandteil in Fruchtfleisch und Saft der Trauben. Das Fruchtaroma wird durch die charakteristischen Merkmale einer Rebsorte geprägt. Wichtig hierfür sind das Terroir, der Reifegrad des Lesegutes und die Ertragsmenge.

## S

SEKUNDÄRAROMEN: Hefen spielen bei der alkoholischen Gärung eine Rolle. Geht man in einen Keller mit gärendem Wein, so ist dieser Geruch unverkennbar. Diese Gäraromen werden durch die bakterielle Umwandlung um subtilere Töne ergänzt. So ist der Duft eines Jungweins eine Mischung aus Reben- und Gäraromen. Besonders interessant sind diese Sekundäraromen bei den sogenannten kaltvergorenen Weinen. Hier werden Hefen eingesetzt, die bei niedrigen Temperaturen vergären, sodass viele Primäraromen erhalten bleiben, wobei diese Hefen aber gleichzeitig selbst auch Aromastoffe erzeugen.

SUBSKRIPTION: Der Preis für noch nicht vollständig gereifte Weine oder gar die Trauben im Weinberg liegt niedriger als der Preis für den endgültig lieferbaren Wein. Daher werden viele Weine auf der Basis von Verkostungen verkauft. Dazu gehören auch die jährlich stattfindenden Primeur-Verkostungen.

SUPERTUSCANS/SUPER-TOSKANER: stilprägende Weine der Toskana mit extrem hohen Qualitätsansprüchen außerhalb der italienischen DOC-Richtlinien. Typische Vertreter sind Sassicaia, Ornellaia, Solaia.

## T

TANNIN: Tannine findet man im Holz, aber auch in den Weintrauben selbst. Sie haben Einfluss auf die Weinqualität und verleihen dem Rotwein seinen typischen trockenen Geschmack, der in den letzten Jahren viel Zuspruch erfahren hat. Neue Barriques geben mehr Tannine an den Wein ab als bereits benutzte Fässer. Besonders tanninreiche Rebsorten sind beispielsweise Cabernet Sauvignon, Sangiovese und Tempranillo.

TERROIR: Französischer Begriff, der alle Einflussfaktoren zusammenfasst, die auf eine Rebe einwirken. Dazu zählen u. a. das Kleinklima, der Boden, die Hangneigung, der Wasserhaushalt, die Rebsorte, geschichtliche und kulturelle Faktoren einer Weinregion sowie das Wirken des Winzers.

TERTIÄRAROMEN: Reifearomen, die auch als Bukett bezeichnet werden. Sie entstehen durch vielschichtige chemische Prozesse. Sie werden besonders stark durch Oxidation beeinflusst. Die animalisch-ledrigen Aromen reifer Pinot Noirs, die Zedernholzdüfte reifer Cabemet Sauvignons, die Petrolaromen gereifter Rieslinge oder die Trüffelkomponenten in ausgereiften Syrahs – das alles sind Tertiäraromen.

THERMOVINIFIKATION: Dabei wird die Maische erhitzt und die Farbstoffe werden extrahiert.

TOASTING (Barrique): Frisch zusammengestellte Barriques werden „getoastet", also mit Gasbrenner oder über offenem Feuer ausgeflammt. Das Toasting verleiht den Barriques zusätzliche Aromen.

TRESTER: Der nach dem Pressen zurückbleibende Rest aus Fruchtfleisch, Schalen und Kernen. Trester oder auch Treber wird zu diversen Produkten von Grappa bis Cremes weiterverarbeitet.

TRESTERHUT: Die frisch gepresste Maische fängt innerhalb kurzer Zeit an zu gären. Auf der Flüssigkeit sammeln sich die Rückstände aus Schalen, Kernen und Stielen. Mit dem Tresterhut wird je nach Weinbereitung unterschiedlich verfahren. Er wird beispielsweise überschwallt oder untergetaucht und aufgelockert, um einen größeren Kontakt des gärenden Mostes mit den Schalen zu gewährleisten.

## V

VINIFIKATION: Der gesamte Prozess der Weinbereitung von der Arbeit im Weinberg über den Ausbau bis zur Abfüllung des Weins in Flaschen.

## Literaturverzeichnis

BAZIN, JEAN-FRANÇOIS: Le vin de Bourgogne, Hachette
BEAUSSANT, PHILIPPE: Le Roi-Soleil se lève aussi, Éditions Gallimard
DEL MONEGO, MARKUS: Die Welt der Digestifs, Eigenverlag Park Hotel Bremen
DEL MONEGO, MARKUS: Warum der Wein korkt, Heel Verlag
DEL MONEGO, MARKUS: Mineralwasser für Genießer, Augustus Verlag
DEL MONEGO, MARKUS: Wasser – Trinkgenuss für jeden Tag, Heel Verlag
DEL MONEGO, MARKUS: Wie schmeckt trocken, Süddeutsche Zeitung Edition
FIELDEN, CHRISTOPHER: Der Weinbetrug, Müller Rüschlikon
JOHNSON, HUGH: Hugh Johnsons Weingeschichte, Hallwag
LOREY, ELMAR M.: Die Weinapotheke, Hallwag
MADAME DE MAINTENON: Mémoires, Frankreich
PACZENSKY, DÜNNEBIER: Kulturgeschichte des Essens und Trinkens, Orbis
ROBINSON, JANCIS: The Oxford Companion to Wine, Oxford University Press
ROWLEY, ANTHONY: Les Francais à table, Hachette
SALLÉ, BERNARD/JACQUES, SALLÉ: Larousse des alcools, Larousse
SCHELL, EBERHARD: Schokolade & Wein, Hädecke Verlag
SCHÖNBERGER, MARGIT: Das kleine Buch der Laster, Mosaik
Publikationen Forum Wein & Gesundheit
Satistische Daten aus: Deutscher Wein, Statistik 2015/2016,
Deutsches Weininstitut GmbH, www.deutscheweine.de

**Impressum**


Projektleitung: Sabine Sternagel
Lektorat: Susanne Guidera
Gestaltung, Layout und Satz: Marion Prix
Collagen: Marion Prix unter Verwendung von
fotolia: acrogame, S. 91; gala2205, S. 91; sabelskaya, S. 133
fotosearch: gameover, S. 67; HeatherL, S. 67
Weinflecken: 123rf, shutterstock
Herstellung: Thekla Licht, Hermann Weixler
Druck und Bindearbeiten: CPI – Ebner & Spiegel, Ulm
Printed in Germany

ISBN: 978-3-86497-425-0

Markus Del Monego hat sein Leben dem Wein gewidmet. Er erzählt humorvoll und anregend von großen und kleinen Weingeschichten, die einen guten Tropfen erst zum Genuss machen. Ein Buch wie ein frischer Vinho Verde – prickelnd, phantasievoll und absolut unterhaltsam.

176 Seiten
ISBN: 978-3-86497-354-3